Clínica do
Acompanhamento Terapêutico
e Psicanálise

CLARISSA METZGER

CLÍNICA DO ACOMPANHAMENTO TERAPÊUTICO E PSICANÁLISE

1ª edição - 3ª reimpressão
São Paulo / 2021

Aller Editora

© 2017 Aller Editora

Editora: Fernanda Zacharewicz
Conselho editorial: Andréa Brunetto – Escola de Psicanálise dos Fóruns do Campo Lacaniano
Beatriz Santos – Université Paris Diderot – Paris 7
Lia Carneiro Silveira – Universidade Estadual do Ceará
Luis Izcovich – Escola de Psicanálise dos Fóruns do Campo Lacaniano

Revisão técnica: Fernanda Zacharewicz e Paulo A. T. Bueno
Produção editorial: Antonieta Canelas
Capa: Niky Venâncio

Dados Internacionais de Catalogação na Publicação (CIP)
(Câmara Brasileira do Livro, SP, Brasil)

Metzger, Clarissa
Clínica do acompanhamento terapêutico e psicanálise / Clarissa Metzeger. -- 1. ed. -- São Paulo : Aller Editora, 2017.

ISBN 978-85-94347-03-9
ISBN versão ebook: 978-85-94347-11-4

1. Acompanhamento terapêutico (Psiquiatria) 2. Clínicas psiquiátricas 3. Freud, Sigmund, 1856-1939 4. Lacan, Jacques, 1901-1981 - Psicologia I. Título.

17-10213   CDD-150.195

Índices para catálogo sistemático:

1. Acompanhamento terapêutico : Psicanálise : Psicologia 150.195

Publicado com a devida autorização e com todos os direitos reservados por:
ALLER EDITORA
Rua Wanderley 700
São Paulo - SP, CEP: 05011-001
Tel.: (11) 93015.0106
contato@allereditora.com.br
Facebook: Aller Editora / Instagram: allereditora

Sumário

Prefácio, 7

Introdução, 15

- Acompanhamento terapêutico psicanalítico: uma definição, 17
- Breve retomada do AT em São Paulo, 20
- Início da formação do at, 24
- O AT hoje: múltiplas demandas, 25

1. Breve percurso pela reforma psiquiátrica: origens clínico-institucionais do at, 27

- Inglaterra, 27
- França, 29
- Itália, 36

2. Formação do at, 47

- Formação terminável e interminável, 48
- Ética na psicanálise e clínica do AT, 49
- Ética e moral na formação do at, 51
- Os nós de uma rede, 56
- Formação teórica, 56
- Desejo de acompanhar terapeuticamente/ acompanhar terapeuticamente, 59
- Supervisão, 63
- Análise pessoal, 65
- Dispositivo grupal, 65

3. Clínica do acompanhamento terapêutico e instituições de tratamento da saúde mental, 69

4. Clínica do acompanhamento terapêutico na escola, 79

- AT e inclusão, 81

5. A questão do diagnóstico estrutural, 89

CLÍNICA DO ACOMPANHAMENTO TERAPÊUTICO E PSICANÁLISE

6. NARCISISMO E CONSTITUIÇÃO DO EU, 95
   - Do instinto à pulsão, 96
   - Pulsão e sexualidade, 100
   - Libido e autoerotismo, 101
   - Narcisismo, 104
   - Lacan e o estádio do espelho, 107
   - Caso clínico, 120

7. CONSTITUIÇÃO DO SUJEITO: NEUROSE E PSICOSE, 127
   - Édipo estrutural, 128
   - Falo x pênis, 130
   - Os três tempos do Édipo, 131
   - Primeiro tempo, 132
   - Segundo tempo, 133
   - Terceiro tempo, 135
   - Metáfora paterna, 137
   - Foraclusão do Nome-do-Pai, 141
   - Caso clínico, 143

8. O QUE FAZ UM AT NOS CASOS DE NEUROSE?, 151
   - Alienação/separação, 155
   - Necessidade, demanda e desejo, 158
   - Demanda e intervenção do at, 160
   - Vinhetas de casos clínicos, 161
   - Entrevistas preliminares, 162

9. DIREÇÃO DO TRATAMENTO NA PSICOSE: SINTHOMA E SUBLIMAÇÃO, 165
   - Primeiro momento da teorização lacaniana sobre a estabilização na psicose, 167
   - Segundo momento da teorização lacaniana sobre a estabilização na psicose, 170
   - Sublimação para Freud, 174
   - Sublimação para Lacan, 175
   - Psicose e gozo, 178
   - Sinthoma e sublimação, 179

Notas, 183

Prefácio

A TEORIZAÇÃO DO ACOMPANHAMENTO TERAPÊUTICO, SEM
PANACEIA CONCEITUAL

O estudo que ocupa as páginas que seguem é fruto não apenas de pesquisa teórica extensa e embasada, como materializa a experiência já extensa da autora no trabalho de formação de acompanhantes terapêuticos (ats), seja na transmissão da teoria, seja na supervisão clínica ou na coordenação de equipe de ats. Adicione-se a isso, é claro, a própria experiência clínica como at e psicanalista da autora, iniciada ainda nos anos 1990 e, certamente, ainda com muito percurso à frente. São, portanto, diversas as razões para celebrarmos este A clínica do acompanhamento terapêutico e a psicanálise como um acontecimento relevante para o campo, no Brasil e no contexto internacional.

Natural de São Paulo, Clarissa Metzger é uma irmã de profissão e de alma acadêmica, uma vez que compartilhamos percursos profissionais similares, ao elegermos as mesmas referências teóricas e clínicas: teoria psicanalítica lacaniana, acompanhamento terapêutico (AT), clínica das psicoses e experiência institucional, entre outras. Ora, em minhas pesquisas, realizei uma travessia marcada pelos mesmos significantes. O que Clarissa nos apresenta, porém, traz, seguramente, a marca de seu próprio percurso e inova, uma vez que oferece recortes inauditos, indica caminhos e expõe com generosidade sua clínica, introduzindo, com ineditismo, importantes hipóteses clínicas para o campo, a exemplo da questão do AT e a neurose. Merece também ser destacada sua filiação teórica, sustentada com firmeza e compromisso epistemológico, da primeira linha ao ponto final do livro. Evidentemente – e Clarissa nos remete a isso, o campo do AT não se restringe ao uso da teoria psicanalítica como "a teoria" ou "a visão de homem" que orienta sua intervenção clínica. Nosso campo comporta uma pluralidade conceitual rica, o que só contribui para aprimorá-lo, uma vez que hoje nos deparamos com trabalhos teóricos sobre AT nas abordagens mais diversas das psicologias, das psicanálises e mesmo de correntes da filosofia. Isso sem contar áreas afins dos saberes, que também atravessam nosso campo, a exemplo da terapia ocupacional (TO), da enfermagem, da psiquiatria, do direito, do serviço social, da pedagogia, entre tantas, que também influenciam conceitualmente nosso fazer clínico.

Observamos em Clarissa um aprofundamento teórico consistente e uma abordagem que tomamos como exemplo rigoroso de uso de uma visão de homem na teorização do AT sem produzir desvios epistemológicos e/ou panaceias conceituais. Por exemplo, a introdução sustenta uma premissa importante: o AT pode ser pensado como estratégia do psicanalista, mas o AT não é equivalente à clinica psicanalítica. Claro, temos aí um ponto estruturante, uma vez que não se equipara a clínica psicanalítica orientada pela metodologia do par "associação livre/atenção flutuante" e aquilo que fazemos quando realizamos o AT; ou seja, uma produção de acontecimentos no contexto da cidade, do cotidiano. Explico melhor: na clínica psicanalítica, o profissional escuta o que seu paciente lhe endereça – os significantes, os silêncios, a pausa etc. De seu lado, o analista orienta sua intervenção conforme a teoria nos determina, em direção à cura e assim o faz; pontua, silencia, corta a sessão de um paciente neurótico; permite o corte dado à sessão por um paciente psicótico

Prefácio

etc. Na clínica do AT, temos uma outra condição; no caso, uma produção de acontecimentos produzidos no laço social. Um acompanhante terapêutico "lacaniano" faz sim uso da escuta clínica; orienta-se sim por aquilo que Lacan nos propõe quanto à política, à estratégia e à tática; e leva à radicalidade a implicação de seu próprio corpo na produção de acontecimentos no exercício da função, acontecimentos estes também condizentes com a direção da cura, quando se reconhece seus efeitos respectivos. Em uma sessão, no consultório de um psicanalista, um paciente sob transferência pode relatar acontecimentos. Em um acompanhamento terapêutico no cotidiano do paciente, vivem-se acontecimentos entrelaçados pela interação de uma tríade: o par acompanhante/acompanhado e as ofertas de laço social do ambiente (casa/escola/cidade etc.). O AT pretende produzir ou catalisar acontecimentos que fertilizam a análise ou o tratamento possível, como o sustentado por um analista no consultório.

Ao percorrer o livro de Clarissa, estamos de certo modo seguindo os passos conceituais de um acompanhante terapêutico "lacaniano": não se desviar de suas proposições metodológicas, como a "constituição do sujeito" e a "formulação de uma hipótese diagnóstica", pois assim se permite a elaboração de um "projeto terapêutico" e sua decorrente "intervenção", obrigatoriamente afinada à "direção da cura". Isso é importante porque vivenciamos um momento histórico definidor, em que muitas demandas para o AT se consolidaram, como as dependências químicas, acontecimentos no corpo (AVC, câncer, deficiência física etc.), questões do envelhecimento, entre outras. E falam, como nos aponta a autora, sobre posições do sujeito, momentos de crise, sintomas, episódios muito frequentemente atrelados à neurose. Por isso mesmo, brindamos a preocupação em introduzir a neurose como questão para o AT, tema novo em nosso campo de debate.

O que deve fazer um at em casos de neurose? Qual seu papel? Como ponto de partida, a autora problematiza a diferença entre acolher a demanda neurótica e responder a ela, ao esmiuçar esta distinção, tendo como pano de fundo conceitual a articulação entre os conceitos de desejo e de fantasia, de modo a explicitar a lógica do funcionamento subjetivo do neurótico. De maneira sucinta, tomamos aqui o que Lacan nos ensina sobre esta articulação. O desejo, ou melhor dizendo, Desejo – com maiúscula – é equivalente à falta constitutiva do ser humano, diferentemente dos desejos materializados em uma diversidade importante de possibilidades que o nosso mundo oferece: o desejo pelo prato ou sobremesa preferidos, pela roupa da moda ou pelo carro do ano etc. Ora, em suas experiências a criança, em função de uma sucessão de etapas lógicas de sua constituição, identifica-se como objeto imaginário que complementa o Outro materno, para, no momento lógico seguinte, abandonar esta mesma posição alçada (e necessária para a constituição da neurose) em prol da instauração de sua falta fundamental e de sua condição desejante no mundo. Esta passagem se dá porque a criança se depara com o fato de que o agente que cumpre a função materna também é castrado. O que o outro quer de mim? Não se sabe... mais! Aí está a chave para pensarmos a fantasia inconsciente como algo que sutura o enigma do Outro materno, também na perspectiva de suportar a falta e a condição desejante no mundo. Temos, também, como consequência, a divisão do sujeito neurótico – bem como uma articulação entre o desejo do outro e sua própria demanda.

Não é à toa que encontramos, desde a pena de Freud, apontamentos necessários para problematizar a relação entre

Prefácio

necessidade, demanda e desejo. Freud, no século XIX, teorizou o estatuto das primeiras mamadas – vivências plenas de satisfação – como algo que atrela às necessidades fisiológicas uma demanda de amor: o bebê, ao ser expelido do corpo materno, abandona sua condição de desenvolvimento intrauterino para viver uma nova condição, que está a *priori* marcada pelo âmbito da necessidade: a fome, por exemplo, ilustra essa condição. O bebê vive um acúmulo de tensão interna, produz uma descarga motora (o grito) e alguém do meio externo – sua mãe ou quem cumpre a função materna – lê, interpreta, codifica o sentido do choro e lhe oferece o seio. O leite que percorre o aparelho digestivo assume outro estatuto, para além das necessidades orgânicas. Acrescenta-se aí a demanda por amor, que marca do próprio desamparo da condição humana. Dito de outro modo, não existe a partir das primeiras mamadas a necessidade pura, mas permeada pela linguagem, que constituía a própria demanda. E o Desejo? Equivalente à falta; é acessado pelo sujeito quando suas respectivas demandas, ao serem atualizadas, não (grifo meu) são correspondidas.

Chegamos ao pulo da gata (vamos respeitar o gênero) de Clarissa... Ela afirma: "Assim como num processo de análise, no AT não devemos responder à demanda do sujeito neurótico, pois, com isso, impedimos a emergência do desejo, que pode aparecer justamente quando a demanda – que é sempre demanda de amor – não é respondida". Busca-se, assim, evitar o risco da completude imaginária, passível, inclusive, de inviabilizar o terapêutico do AT. Cabe acolher, então, a demanda do sujeito neurótico em crise, como parte do processo terapêutico; mas procura-se não responder a esta demanda. A clínica ilustra esse ponto, quando um paciente com depressão e dificuldades de circulação no social solicita um acompanhante terapêutico e lhe endereça, como

CLÍNICA DO ACOMPANHAMENTO TERAPÊUTICO E PSICANÁLISE

pedido, uma ajuda para arrumar sua casa. Cabe acatar esse pedido às cegas? O que está em jogo? Antes de se lançarem a esse "fazer juntos", cabe ao profissional entender melhor o que se passa, pois, com prudência, e em conformidade com o que se sabe acerca das entrevistas preliminares, busca-se verificar o que está sendo endereçado neste pedido. O que o paciente poderia falar mais sobre isso? Ora, no caso ilustrativo, coube ao at acolher a demanda que lhe fora endereçada e, ao invés de acatá-la em sua concretude convocar o paciente a sustentá-la por sua conta e risco... Risco de ele encontrar algo referente à sua própria condição desejante. Foi, então, determinado um encontro semanal (acolhimento da demanda) e, neste encontro, o at "testemunhou" o próprio movimento do paciente em arrumar sua casa (não responder à demanda). Belíssimo movimento, na perspectiva de implicar o paciente, inclusive com seu corpo, a se responsabilizar pela sustentação de suas próprias demandas!

Há outros aspectos trabalhados por Clarissa, não menos importantes: vale citar o recorte acerca das origens históricas do AT em São Paulo, cidade importante para o contexto do desenvolvimento da função no Brasil e no mundo, uma vez que há nesta cidade uma efervescência interessante sobre o tema, com inúmeros profissionais, grupos, entidades, instituições e escolas de formação, atuando no campo. Por sinal, a autora dedica um capítulo inteiro ao tema da formação do acompanhante terapêutico, quando destaca os pilares desta função e as pertinências do dispositivo grupal para que o at possa sustentar sua clínica. Também apresenta um recorte proveitoso sobre as origens clínico-institucional do AT, e nos oferece balizas para caracterizar a função clínica, necessárias à problematização de suas interfaces, bem como aos paradigmas da inclusão, seja na saúde mental, seja na escola.

Prefácio

Enfim, temos um volume indispensável aos interessados em se aprofundar no tema do acompanhamento terapêutico e incrementar o debate para fortalecimento do campo em nosso país e no mundo. Fortemente recomendado!

Maurício Castejón Hermann
Psicanalista, acompanhante terapêutico e diretor do "Attenda, transmissão e clínica em AT e psicanálise".

Introdução

CLÍNICA DO ACOMPANHAMENTO TERAPÊUTICO PSICANALÍTICO E A PSICANÁLISE

Este livro é fruto do trabalho no campo do Acompanhamento Terapêutico (AT) que tenho desenvolvido nos últimos 20 anos, primeiro como at e depois na formação de outros ats[1]. É produto também de minha formação como psicanalista, que é por sua vez indissociável da experiência do AT. O presente trabalho nasce das interrogações despertadas por essa prática, bem como do trabalho de formação de ats que exerço há quase 15 anos e dos diálogos com diversos colegas. Essa obra nasce do esforço de articular, de um modo próprio, o que é chamado de clínica do AT com a teoria psicanalítica. É importante dizer que se trata de uma obra composta por trabalhos escritos em épocas diferentes, que julguei pertinente neste momento reunir no formato de livro. Deste modo, é possível identificar nos diferentes capítulos preocupações e questões também diversas, que respondem a momentos específicos da minha formação continuada e das questões nela despertadas.

Outros colegas já trilharam esse percurso e me junto a eles no esforço de debate e avanço no campo do AT. Colegas como Kleber Duarte Barretto[2], Gabriel O. Pulice[3], Marco Antonio Macías[4], Gustavo Rossi[5], Pablo Dragotto & María Laura Frank[6], Mauricio Hermann[7], Leonel Dozza[8], Mauricio Porto[9] que, com suas diferenças de abordagem e ênfases, buscam igualmente articular o AT com a teoria psicanalítica a partir de diferentes conceitos e incidências da clínica,

CLÍNICA DO ACOMPANHAMENTO TERAPÊUTICO E PSICANÁLISE

compartilhando com o público os avanços da clínica e da pesquisa no cruzamento desses campos.

Abordo também aqui algumas das possíveis articulações do AT com a psicanálise, tomando o cuidado de já indicar o paradoxo em torno do qual este livro gravita: o AT pode ser pensado como uma estratégia clínica do psicanalista e o AT não é equivalente à clínica psicanalítica. Essa afirmação tem por objetivo balizar nosso debate para que possamos seguir sem ignorar aquilo que há de psicanalítico no AT[10], mas também para que possamos avançar na discussão sobre aquilo que pode ser específico do que atualmente chamamos de clínica do AT.

O Acompanhamento Terapêutico surgiu como uma prática no bojo da Reforma Psiquiátrica, na qualidade de um dos dispositivos da chamada clínica ampliada que preconizava o tratamento da loucura fora dos manicômios, em condições mais humanas e que não excluíssem o louco do laço social – como faziam os antigos manicômios. Desde os anos 50 e 60, há notícias de profissionais que podem ser considerados percursores do at, como o auxiliar psiquiátrico, assistente recreacionista e o enfermeiro, tal como discutiremos no capítulo 1 sobre a história. Com algumas diferenças entre si, esses profissionais se encarregavam de acompanhar pacientes psiquiátricos em tarefas cotidianas, como ir a uma praça, à padaria ou cuidar de alguma coisa em sua própria casa. Isso ocorria dentro de uma instituição, como uma comunidade terapêutica, ou então fora dela, na casa de um paciente.

Desde o início de sua prática, situada na Argentina nos anos 1970[11], o AT se mostrou uma estratégia efetiva no tratamento das psicoses, geralmente em articulação com outros dispositivos, como centros de atenção psicossocial e residências terapêuticas. Inicialmente a ênfase dessa

Introdução

atividade estava em controlar e vigiar o paciente, ainda que se buscasse um viés de trabalho mais humanizado com a loucura.

Pouco a pouco, outras visões do trabalho do at surgiram e entendeu-se que não se tratava de controlar o acompanhado, mas sim de dar lugar a elementos que lhe fossem subjetivamente importantes, incluindo aqueles ligados aos delírios, no caso dos psicóticos. Esse último ponto tem uma grande influência da psicanálise de Freud a Lacan, na medida em que, como uma tentativa de cura empreendida pelo próprio psicótico, o delírio deve ser escutado. O at, assim como o analista, pode e deve cavar um lugar para o psicótico no laço, levando em conta sua singularidade. Esse ponto é fundamental, pois deixa claro que não se trata de adaptar o louco à norma vigente, de silenciar o delírio ou ignorá-lo; trata-se de fazer laço a partir da singularidade do sujeito psicótico. Para isso, o at funciona como um "secretário do alienado"[12], do mesmo modo como faz o psicanalista. Portanto, o at precisa incluir em seu trabalho a atenção ao delírio, essa parte do psicótico que ele, segundo Freud, "ama como a si mesmo".

Acompanhamento terapêutico psicanalítico: uma definição

É possível dizer que o at é um profissional que acompanha alguém em situações bastante diversas. Muitas delas são cotidianas, estão ligadas a realizar pequenas tarefas e atividades – tal como faziam seus antecessores citados há pouco. Mas o at também pode acompanhar alguém sem sair da casa, sem sair do quarto do acompanhado. O que define o AT não é o "fazer" ou a "saída", embora seja comum que ambos compareçam nesse trabalho, principalmente com a psicose. Há uma boa razão para que isso ocorra: como diz o psicanalista Antonio Quinet, assim como o sonho é a via régia para o inconsciente, a rua é a via régia para o psicótico. Se estamos lidando com o inconsciente a céu aberto do psicótico, a rua facilmente se torna o cenário no qual esse inconsciente é colocado em ato. Todavia, ainda que seja um enquadre frequente, não é ele que define o AT.

Bem, se o que define o AT não é a saída nem o fazer, o que define? É importante frisar que a definição que aqui propomos não serve para o AT de forma geral. É uma tentativa de delimitar essa prática no campo da psicanálise de Freud a Lacan. Portanto, a partir dessa psicanálise, propomos que a prática do at é da ordem da escuta do sujeito – seja ele barrado ou não. Uma escuta que está norteada por uma ética própria, a ética da psicanálise. Sustentamos que o AT pode ser pensado como uma estratégia do psicanalista, tal como pretendemos demonstrar no capítulo 2. É nesse sentido que indicamos a ética da psicanálise como norteadora para dirigir um tratamento no AT.

É comum que o AT seja definido pelo que se convencionou chamar de "fazer" e por sua realização fora de instituições e locais tradicionais de tratamento: o at é quem vai ao encontro do acompanhado, no local estabelecido e então acontece o atendimento. A possibilidade de "fazer" e "fazer junto", contemplada no AT, foi justamente uma característica distintiva dessa prática, em um momento histórico no qual ganhavam corpo as práticas extra asilares[13]. É importante notar que andar pelas ruas da cidade junto com um sujeito que havia sido mantido, às vezes por décadas, dentro dos muros do manicômio era, não apenas terapêutico, mas um ato humanitário e de cidadania, ao mesmo tempo em que carregava também um quê de necessária subversão. Atualmente, passadas algumas décadas de experiência com a Reforma Psiquiátrica, ainda que o caráter terapêutico do acompanhamento se mantenha, cabe questionar de que "fazer" se trata nessa clínica hoje em dia. Se o que buscamos

Introdução

é uma articulação do AT com a psicanálise, precisamos inclusive interrogar o caráter "terapêutico" do AT, já que a psicanálise não visa terapeutizar, mas sim analisar.

Já adiantando nossa hipótese, supomos que do mesmo modo que ocorre em uma psicanálise no consultório, o AT implica o manejo da transferência que tem como norte ético o sujeito do inconsciente. Se o que define a Psicanálise é a escuta do sujeito do inconsciente, desde a transferência e a orientação a partir de uma ética específica, a ética da Psicanálise, então o AT pode ser uma clínica psicanalítica tão legítima quanto, por exemplo, a clínica do consultório particular. O que a definiria, nesse caso, não seria, portanto, o fato de se tratar de "uma clínica na rua", mas sim seu norte ético – que permite inclusive que o trabalho clínico aconteça na rua. O mesmo raciocínio pode sustentar a existência da psicanálise nas instituições, como hospitais, escolas, hospitais-dia, ambulatórios etc. É um raciocínio que prioriza a ética e o discurso do psicanalista, tal como discutido por Lacan em seu seminário 17, *O avesso da psicanálise*. Voltaremos a esse ponto em breve.

Essa precisão é importante na medida em que retira o acompanhante terapêutico, por um lado da posição de mero "fazedor", de alguém que deve sair com o acompanhado e/ou realizar atividades diversas, muitas vezes seguindo a orientação que alguém – a família, o psiquiatra ou a instituição – julgue pertinente e, por outro lado, à ideia de que o AT tem que acontecer na rua. Nossa hipótese é que, diferente do que se pensava até uma ou duas décadas atrás, não é apenas o "fazer" que define o AT, assim como o AT também não é definido por ser um profissional que executa tarefas na rua e segue as orientações de um especialista que lhe chame para acompanhar determinado caso, ainda que sob a égide da humanização do tratamento da loucura.

Se o que define o AT é uma direção ética do tratamento que empreende, exercer essa função pede do at, por sua vez, uma formação teórico-prática correlativa a essa ética. Nesse sentido, há que se interrogar se, uma vez que seja possível sustentar o AT como intervenção psicanalítica, não seria necessário propor – como condição para o trabalho do at que se orienta por essa abordagem – o mesmo tripé formativo que sustenta o psicanalista em outros âmbitos clínicos: análise pessoal, supervisão e formação teórica.

Breve retomada do AT em São Paulo

Especificamente em São Paulo, o AT teve uma dupla origem. Por um lado, a experiência do auxiliar psiquiátrico da Clínica Pinheiros, no Rio de Janeiro[14] e por outro, a experiência argentina que nos foi trazida por fundadores do Instituto A Casa que haviam imigrado e trouxeram na bagagem essa nova prática[15].

O Instituto A Casa foi fundado em 1979 por um grupo de profissionais da área de Saúde Mental como um hospital-dia, que era na época uma proposta inovadora de tratamento da loucura. Até então e ainda por muitos anos no Brasil, o tratamento proposto para os loucos, fosse na esfera pública ou privada, era asilar, ou seja, longas internações que apartavam o paciente do convívio familiar e social. Diferente disso, o hospital-dia propunha que os pacientes viessem se tratar durante o dia na instituição, mas que voltassem no fim desse período para suas casas, onde continuariam a conviver com suas famílias e comunidade. Nos finais de semana, quando o hospital-dia não funcionava, os pacientes permaneciam também em suas casas. Atualmente os CAPS – Centros de Atenção Psicossocial – são a política pública adotada em todo o território nacional. Embora tenham diferenças em relação ao hospital-dia, os CAPS priorizam também o formato extra asilar.

Introdução

A primeira equipe de AT do Instituto A Casa foi constituída em 1981. Nessa época, tratava-se na verdade, de uma equipe de "amigos qualificados". Era esse o nome original do que veio a ser o profissional do AT. Inicialmente, a equipe surgiu para atender alguns pacientes que, por estarem atravessando um momento mais difícil, como uma crise, precisavam de acompanhamento mesmo em horários em que o hospital-dia não funcionava. Por vezes, o at era quem conseguia acompanhar um paciente que, por diferentes razões, não estava conseguindo sair de sua casa sozinho e chegar ao hospital-dia para o tratamento. No entanto, rapidamente essa equipe ganhou autonomia e começou a atender várias demandas de acompanhamento terapêutico, tanto de pacientes do hospital-dia, quanto vindas de fora da instituição. Foi ficando claro que o AT era, ele mesmo, um dispositivo de tratamento e não apenas um complemento para "tampar os buracos" deixados pelo hospital-dia.

A partir do epicentro que foi a equipe de AT d'A Casa, outras pessoas na cidade de São Paulo começaram a fazer o trabalho de at – que, nessa época, como dito acima, se chamava "amigo qualificado". Em 1984, realiza-se o primeiro Encontro de amigos qualificados de São Paulo, no qual se decide mudar o nome da prática para Acompanhamento Terapêutico. Essa mudança aponta que não se tratava de um amigo, que conotava um tipo muito específico de relação, digamos, muito livre, mas sim de um profissional.

Trata-se de uma mudança importante em duas frentes: por um lado, abre caminho para que o at venha a ter alguma autonomia profissional, posto que ganha um lugar mais definido no tratamento – não se trata apenas de um "amigo". Por outro lado, na medida em que tem um lugar mais definido, fica claro que sua intervenção está mediada por algo externo àquela dupla, o que é interessante ao se pensar no tratamento das psicoses e no Outro não barrado ao qual o psicótico está submetido. Devido ao modo como o psicótico se constitui como sujeito, permanece assujeitado ao Outro, em posição de ser gozado por esse Outro caprichoso e sem barra. Assim, a mudança de amigo qualificado para acompanhante terapêutico implica que já não se trata apenas de amizade, que se pode exercer de que modo for, mas de um tipo de acompanhamento que tem o compromisso de ser terapêutico.

Portanto, a mudança de nome do que hoje chamamos AT teve não apenas um caráter formal, mas apontou também uma direção ética, levando em conta a importância de que o AT fosse, também ele, submetido às exigências do tratamento do sujeito. Não se pode esquecer o apelo que há em uma proposta em que alguém esteja tão perto de um sujeito psicótico, no cotidiano, convivendo com ele às vezes muitas horas por semana ou até mesmo por dia. Se em alguns casos e em certa medida isso pode ser benéfico, permitindo por exemplo ao esquizofrênico que faça do at uma bengala imaginária, pode também ser a própria encarnação do Outro que tudo pode e tudo sabe do psicótico. Além do que diz a teoria, a clínica nos mostra como essa proximidade, se não há interdito, se não há elementos terceiros, externos que possam mediar essa relação, pode se tornar iatrogênica, na medida em que o at, muitas vezes sem se dar conta, encarna realmente o lugar do Outro não barrado da psicose.

Outros encontros foram realizados depois disso, agora já com o nome de AT. Os três encontros seguintes foram organizados pelo Instituto A Casa e aconteceram nos anos de 1990, 1994 e 2001. Também foram produzidos livros discutindo a prática do AT e suas implicações: *A rua como espaço clínico*, de 1991, *Crise e cidade*, de 1995, e *Textos, texturas*

Introdução

e tessituras no AT de 2006. Nessa época, já havia pesquisas acadêmicas sobre o tema, o que dá indícios do crescimento do AT não apenas em termos de número de praticantes, mas também do interesse em avançar no campo científico.

Atualmente, o acompanhamento terapêutico é uma prática relativamente difundida em São Paulo, tanto na capital como em algumas outras cidades, principalmente no meio da psicanálise e da saúde mental. Também em outros estados do país há cidades com uma prática sistemática do AT, como Belo Horizonte, Rio de Janeiro, Salvador, Boa Vista, Porto Alegre. Existem vários grupos e ats independentes pelo país, que tentam difundir sua prática. Organiza-se encontros, simpósios etc., tanto nacionais quanto internacionais, que congregam principalmente ats da América Latina, como Brasil, Argentina, México e Uruguai, mas também da Espanha. Foram criados cursos de AT com variadas orientações em SP, como psicanálise, comportamental, fenomenologia. Nas universidades, existem disciplinas teóricas e práticas de acompanhamento terapêutico e são produzidas dissertações de mestrado e teses de doutorado sobre o assunto.

Em 2013, por iniciativa de ats de várias equipes da cidade de São Paulo, foi criado o Coletivo de ats, que tem como objetivo o debate sobre as questões relativas ao momento atual do acompanhamento terapêutico. Esse coletivo fez um mapeamento que mostrou os diversos campos em que o AT está presente hoje em dia. Se no início o at acompanhava quase exclusivamente os loucos, atualmente encontramos esse profissional não apenas na saúde mental, mas também nos hospitais, nas escolas, no trabalho com idosos, com deficientes mentais, com dependentes químicos, com sujeitos em crise, mesmo que não sejam loucos. O Coletivo de ats não pertence a nenhuma instituição, foi uma iniciativa espontânea de diversos ats que entenderam a importância de discutir essa clínica com seus colegas, tentando mapear seu alcance, defini-la melhor e enfrentar as dificuldades que a prática traz.

Início da formação do at

Alguns anos após sua criação, a equipe de AT do Instituto A Casa começou a oferecer um pequeno curso de formação, como maneira de difundir essa prática nova que tanto podia contribuir no tratamento de pessoas em intenso sofrimento psíquico. Pouco a pouco, surgiram outros e variados cursos que se propunham a formar ats, principalmente em São Paulo e adjacências. Tratava-se em geral de breves introduções ao AT, nada mais do que alguns meses de encontros combinados com um estágio supervisionado.

Até 10 ou 15 anos atrás, o at era alguém de quem pouca formação se exigia. Como sua origem está no fazer cotidiano junto a pacientes, entendia-se que o mais importante era que os ats fossem pessoas que tivessem facilidade de conviver com as diferenças, com situações de crise e fossem também capazes de tornar atividades cotidianas em atividades de cunho terapêutico, sempre levando em conta o laço social. Essas características continuam sendo desejáveis para o at, mas não parecem mais ser suficientes.

Entendeu-se que a formação do at, para que o trabalho seja efetivo, precisa incluir certos elementos. Já não nos contentamos mais com a breve introdução que era considerada antigamente a formação de um at. É importante deixar claro que não existe um curso que por si só forme um at, do mesmo modo que não é um curso que forma um psicanalista. Como pretendemos mostrar aqui, essa é uma formação que vai além de um curso teórico, embora a teoria seja importante. Também não se restringe à prática, embora ela seja fundamental para a formação.

Introdução

O AT hoje: múltiplas demandas

Como já comentamos, inicialmente o AT surgiu como possibilidade de tratamento para a psicose. No entanto, já há vários anos o at é chamado para trabalhar com outras demandas, que incluem especificidades como: idosos, crianças em situação de abrigamento, crianças com dificuldades de inclusão nas escolas, toxicomanias, contexto hospitalar, contexto judiciário entre outras.

Mas será que o trabalho de um at em cada uma dessas demandas é o mesmo? Podemos dizer que os objetivos de um AT na escola ou em um caso de crise na neurose são os mesmos do que nos casos de psicose? Por outro lado, como é possível definir uma prática tão ampla, que atende casos tão diversos, em situações tão diferentes? Enfim, essas novas demandas exigem que nos perguntemos, uma vez mais, o que é o AT, quais podem ser suas indicações terapêuticas e seus objetivos. Consequentemente, teremos que interrogar qual deve ser a formação do at para que ele possa exercer essa clínica tão complexa e múltipla.

Por se tratar de uma prática jovem, os limites do AT ainda não estão nitidamente traçados. Aliás, cabe a pergunta se algum dia estarão, uma vez que há algo da ordem de uma abertura para o novo que é característico dessa prática, que permite que ela se apresente em domínios muito diversos e que ela seja apropriada por linhas teóricas também muito diferentes. Por outro lado, como preservar uma possibilidade de abertura e ao mesmo tempo teorizar o AT com certo rigor? Esse me parece ser um grande paradoxo a ser enfrentado por todos aqueles que se sentem concernidos pela clínica do AT e que tomamos aqui como desafio.

1 BREVE PERCURSO PELA REFORMA PSIQUIÁTRICA: ORIGENS CLÍNICO- -INSTITUCIONAIS DO AT

O AT TEM SUAS ORIGENS TAMBÉM NAS INSTITUIÇÕES, JÁ QUE A REFORMA implicou ela mesma uma reformulação das instituições. Lembremos, a partir dos ensinamentos da análise institucional, que a instituição não é o estabelecimento, lugar físico, mas sim aquilo que se instituiu, se propôs e se perpetuou por algum tempo de uma certa maneira.

Abordaremos agora de modo breve os projetos de Saúde Mental da França e da Itália, que tiveram resultados significativos e que podem ser considerados como parcialmente representativos do movimento da Reforma Psiquiátrica na Europa. Antes disso, faremos uma breve passagem pela experiência das comunidades terapêuticas da Inglaterra. Os movimentos deflagrados nesses três países tiveram consequências nos modelos de atendimento psiquiátrico em toda a Europa desde o pós-guerra. Esses movimentos não "resolveram" a questão do tratamento da loucura, mas propuseram mudanças importantes, cujas influências se fazem sentir até hoje nos sistemas de saúde mental públicos e privados, não só da Europa como também em outros países, como é o caso do Brasil.

Inglaterra

Um movimento importante aconteceu na Inglaterra, na primeira metade dos anos 50, com o surgimento das comunidades terapêuticas no bojo do movimento conhecido como Antipsiquiatria, que tinha relação com a contestação do maciço tratamento manicomial da loucura, prática então

CLÍNICA DO ACOMPANHAMENTO TERAPÊUTICO E PSICANÁLISE

vigente e amparada pela psiquiatria de então. Apesar de ter correspondentes em outros países, a Inglaterra foi pioneira neste dispositivo de tratamento. Um nome importante na teorização das comunidades terapêuticas foi Maxwell Jones, cujo pensamento influenciou a experiência italiana de comunidade terapêutica de Gorizia e também a criação ainda nos anos 1960 da Comunidade Terapêutica Enfance, em São Paulo.

A Antipsiquiatria enfatiza a ideia da produção social da loucura, que aconteceria a partir da invalidação da auto--percepção de um grupo de pessoas que se utilizariam de diagnósticos psiquiátricos. David Cooper, autor que foi parte deste movimento, diz:

> Esquizofrenia é uma situação de crise microssocial, na qual os atos e a experiência de determinada pessoa são invalidadas por outras, em virtude de certas razões inteligíveis, culturais e micro-culturais (geralmente familiais), a tal ponto que essa pessoa é eleita e identificada como sendo 'mentalmente doente' de certa maneira e, a seguir, é confirmada (por processos específicos, mas altamente arbitrários de rotulação) na identidade de 'paciente esquizofrênico' pelos agentes médicos ou quase-médicos. [...] Aqui, de novo, não suponho qualquer defeito primário no futuro paciente, porém sugeriria haver uma falha demonstrável num campo microssocial de pessoas em relação[1].

Cooper chama nossa atenção para o modo como a concordância entre os iguais, dentro de um universo social que compartilha seus valores pode acabar gerando a redução de um sujeito 'diferente' ao título de 'doente mental'. Grosso modo, a ideia das comunidades terapêuticas tem a ver, principalmente, com tirar o louco deste ambiente que o produziu como tal, para a partir daí tratá-lo, num ambiente diferente daquele que gerou o seu estatuto de louco.

A simples retirada do louco do ambiente onde ele se estabeleceu como tal já teria consequências benéficas. Embora essa ideia possa soar atualmente um tanto simplista e não

Breve percurso pela reforma psiquiátrica: origens clínico-institucionais do AT

tenha se mantido como causa isolada do que se convencionou chamar esquizofrenia, sua formulação teve o mérito de chamar a atenção da sociedade para sua própria responsabilidade na criação do estatuto da loucura como diferença a ser excluída. Pensar a loucura como diferença não é o mesmo que pensá-la como "defeito primário", algo da ordem da falha, do déficit, como era compreendida até então no contexto do tratamento da loucura. É, no mínimo, colocar uma interrogação naquilo que era tomado como certo: que a loucura é erro. Paradoxalmente, ao retirar o louco de seu ambiente, a antipsiquiatria – aqui encarnada no movimento das comunidades terapêuticas – denuncia a responsabilidade da exclusão que também existe do lado da sociedade, dos valores morais e sociais que determinam quem são os loucos que devem ser excluídos.

França

Se foram influenciadas pelas comunidades terapêuticas inglesas, Itália e França também se opuseram a certas características desta experiência. Itália e França, embora tenham construído caminhos paralelos, criticam-se mutuamente no que diz respeito às ênfases adotadas por cada "escola". Enquanto os franceses acusam os italianos de "colocar entre parênteses a doença", os franceses dizem que os italianos "colocaram a instituição entre parênteses". A discordância tem relação com a maior ênfase na política e nos aspectos sociais que caracterizariam o movimento italiano, enquanto que o movimento francês se deteria mais nas questões clínicas, bastante influenciados pela psicanálise[2].

Em 1953, é criada a Clínica de La Borde. Propõe-se a atuar sob a perspectiva da Psicoterapia Institucional (termo cunhado em 1952 por Daumezon e Koechlin), que teve seus nomes mais significativos nas figuras de Jean Oury, diretor

CLÍNICA DO ACOMPANHAMENTO TERAPÊUTICO E PSICANÁLISE

da clínica desde sua fundação, e do psiquiatra catalão François Tosquelles. Foi a partir da experiência deste último no Hospital Psiquiátrico de Saint-Alban, onde chegou em 1940, que se desenharam as principais diretrizes daquilo que será mais tarde chamado de Psicoterapia Institucional. Tosquelles, que era anarquista, já trabalhara como psiquiatra na Espanha, mas fora para a França, fugindo da ditadura franquista. Ele conta que, devido a algumas características da política da região onde se encontrava Saint-Alban, essa instituição se prestou bem aos desenvolvimentos do que viria a ser a Psicoterapia Institucional e narra alguns episódios:

St-Alban já era um hospital psiquiátrico aberto – se podemos falar assim – antes da minha chegada. Era engraçado: os camponeses, para ir à feira, passavam dentro do hospital com suas vacas. Os doentes ficavam esperando e vendiam aos camponeses seus trabalhos, suas obras de arte. Os então chamados enfermeiros na época, os guardas, por sua vez, vendiam vinho aos pacientes: colocavam um garrafão de vinho no meio dos pavilhões e distribuíam. Isto parecia inverossímil, mas não suspendi esta prática: transformei-a em uma coisa positiva, convidando-os a fazer um bar que se transformou num lugar de psicoterapia. Mas, nesse ponto, o bar não ficava mais entre os leitos dos doentes, você entende...

Além disso, os guardas de St.–Alban tinham organizado, durante anos, um sistema para suplementar seus salários, ajudando os pacientes a escaparem. Havia, de fato, uma lei nesta época que oferecia 50 francos para quem encontrasse um paciente fugitivo. O que você faria se fosse um camponês? Faria os pacientes fugir, dizendo-lhes: vá a minha casa. Era isso que ocorria e o paciente passava alguns dias fora, em família. Então, de uma maneira paradoxal, ao mesmo tempo grosseira e cômica, uma colaboração entre interno e externo do hospital já estava inscrita nessa prática[3].

Tosquelles, cuja formação foi influenciada pela psicanálise e pelas práticas psicoterapêuticas grupais, desenvolveu

Breve percurso pela reforma psiquiátrica: origens clínico-institucionais do AT

em St.-Alban uma terapêutica comunitária, misturando civis, militares (ainda era a época da guerra) e pessoas da região. Sua ação tomava como ponto de partida aquilo que já acontecia no lugar, ao invés de simplesmente impor seus valores e seu saber em detrimento do que já funcionava em Saint Alban.

Tinha a convicção de que pessoas comuns, que tivessem uma "capacidade natural de estar com os outros", poderiam contribuir para esta terapêutica comunitária. Tosquelles também partia do princípio de que, se somos terapeutas, precisamos perceber que não há um lugar específico em que o encontro terapêutico "tem que" acontecer. De fato, qualquer lugar pode ser o lugar do encontro. O AT também parte deste princípio e tira o máximo proveito desse fato.

A Psicoterapia Institucional tem suas origens mais distantes na prática de Pinel e Esquirol, que propunham um tratamento moral da loucura e, mais próxima, do psiquiatra alemão Hermann Simon (1867 – 1947), que propõe uma "terapêutica ativa"; ele acreditava que havia a possibilidade pedagógica de se mobilizar o indivíduo em atividades que poderiam sempre remetê-lo a novos patamares de sociabilidade. Escreveu o livro *Por uma terapêutica ativa do hospital psiquiátrico*, a partir da experiência de que participou no início do século XX. Simon surpreendeu-se com a melhora de pacientes internados em hospital psiquiátrico quando esses foram contratados para trabalhar na construção do hospital. Percebeu então que a melhora do ambiente hospitalar e a ocupação eram extremamente terapêuticas.

É característico da Psicoterapia Institucional considerar a prática como a instância terapêutica por excelência, no interior das instituições psiquiátricas. Isso tem a ver com a rede de relações terapêuticas (transferenciais) que envolve os sujeitos na permanente produção da instituição. A vida

CLÍNICA DO ACOMPANHAMENTO TERAPÊUTICO E PSICANÁLISE

cotidiana e o ambiente fornecem matéria propícia ao estabelecimento de uma rede de relações de sociabilidade da qual emerge a instância terapêutica.

As fontes teóricas da Psicoterapia Institucional são diversas. As mais imediatas são autores que introduzem técnicas socioterápicas no estabelecimento psiquiátrico: Moreno; Kurt Lewin; Bion; a escola americana com Sullivan; e Karl Marx, com seu conceito de alienação social. O desenvolvimento mais efetivo e talvez a maior influência é a Psicanálise, com a obra freudiana (que teve tradução tardia na França, apenas nos anos 1940) e a teoria lacaniana das psicoses.

Dentro de um corpo conceitual que leva em conta que a loucura não é simplesmente um déficit de um indivíduo, um conceito fundamental, que serve de base para o pensamento e a clínica da Psicoterapia Institucional é a "patoplastia". A psicose, em todas as suas variações, é composta por vários elementos, não é um quadro imutável e fixo, com uma evolução pré-determinada. É preciso levar em conta as interações e inter-relações internas de todos os seus fatores, aqueles que lhe são específicos e aqueles que são contingenciais, circunstanciais, acidentais. Em outras palavras, é preciso distinguir os fatores "patogênicos" daqueles que são "patológicos" para considerar sua contribuição final na estruturação da psicose. Assim, a Psicoterapia Institucional deve trabalhar o meio, o ambiente, para que o mesmo permita revelar o processo psicótico no que esse tem de patogênico e metabolizar o que existe de patoplástico. Isso deve ser entendido como a aparência mórbida resultante das inter-relações entre pessoas e meio, assim como a alienação social, que se adiciona à própria alienação psicótica, tudo isso contribuindo para a apresentação sintomatológica. Exemplos extremos da patoplastia são pacientes abandonados em asilos ou a agitação daqueles que são colocados

Breve percurso pela reforma psiquiátrica: origens clínico-institucionais do AT

em instituições restritivas e superpovoadas. É importante ressaltar que os fatores patoplásticos não incidem apenas sobre os pacientes, mas também sobre aqueles que trabalham nas instituições; daí se dizer, em Psicoterapia Institucional, que para uma instituição poder ser terapêutica é preciso que ela "se trate" antes[4]. Ora, para que se trate, é preciso saber que a instituição está, ela mesma, permanentemente sujeita a crises, já que precisa mudar permanentemente para se adaptar aos sujeitos que trata.

Esse ponto é essencial, se pensarmos em nossas instituições de tratamento atuais e isso me parece muito verdadeiro para a situação da saúde mental que vivemos na saúde pública. Se a atual política de saúde mental, que inclui os CAPS, as RTs (Residências Terapêuticas) e os CECCOS (Centros de Convivência e Cooperativa), é muito melhor do que tudo o que já tivemos em termos de inclusão social até hoje, isso não implica um modelo livre de falhas e contradições. Nesse sentido, talvez ainda tenhamos o que aprender com Oury no que tange à patoplastia institucional. É frequente encontrar usuários que não aderem aos tratamentos propostos pela rede, como os acima referidos. Esses usuários precisam ser tomados como analisadores institucionais, no sentido de que, se eles não aderem, há algo que não funciona nas instituições. Talvez elas próprias precisem propor mudanças para que tais usuários possam se tratar. As Visitas Domiciliares, por exemplo, são uma tentativa bastante interessante de buscar uma aproximação com esses usuários, mas talvez tenham que, em alguns casos, se tornar o foco do tratamento, embora tenham sido originalmente pensadas como uma estratégia eventual. Esse é apenas um exemplo de como a instituição precisa se colocar em questão para que possa efetivamente tratar aqueles que se propõe a tratar.

Dispositivos como a supervisão clínico-institucional precisam existir pela mesma razão, exatamente para tratar das crises que inevitavelmente são desencadeadas em uma instituição que se propõe a tratar de situações de crise e por essa razão precisa sempre se reinventar.

Podemos dizer, em suma que para que haja tratamento é essencial a criação de um ambiente terapêutico. Mas esse "terapêutico" precisa ser pensado em relação à psicose. Ao pensar na esquizofrenia, lembremos que aí encontramos um corpo dissociado e um espaço despedaçado, um sem-lugar. Nos remetendo à questão da transferência, temos também uma transferência dissociada, estilhaçada, de investimentos multirreferenciais – tal como propõe Oury. É a partir daí que se agrupam os pedaços daqueles que perderam sua representação como unidade (ou que nunca a tiveram de fato). A instituição, para criar esses campos transferenciais múltiplos, que permitam a criação de trajetórias pessoais de cada paciente, assim como possibilidade de encontro e de escolha precisa propiciar algumas condições:

1) liberdade de circulação;

2) lugares estruturados concretos (ateliês, cozinha, administração etc.);

3) contratos facilmente reversíveis de entrada e saída da instituição (em La Borde, não há muros ou cercas delimitando a propriedade da clínica, o que também nos fala de uma outra concepção de lugar de tratamento, na qual a circulação é livre e quem está lá, escolheu estar);

4) um acolhimento permanente à singularidade de cada paciente, dispondo de mecanismos simbólicos de mediação.

Para atender a essas condições a instituição precisa estar envolvida em um trabalho permanente, num processo crítico das hierarquias, da fixidez dos papéis, estatutos e funções.

Os ateliês e serviços que como esta instituição formam o que Tosquelles chamou de "tecido institucional", seriam redes vivas e concretas, mas não rígidas, não estereotipadas como frequentemente acontece nas instituições tradicionais de tratamento da loucura. Por exemplo, se a atividade de determinado manicômio que consiste em sempre, no mesmo local e horário, por anos a fio, levar os pacientes a fazer cinzeiros de argila; a estereotipia e a rigidez podem fazer o sentido terapêutico de uma determinada atividade se perder e se transformar numa ação serializada e alienada.

Este tecido institucional permite que se estabeleçam múltiplas transferências e ao mesmo tempo, por serem transitórias, permite o estabelecimento de outras relações, outras redes de trocas. Essas possibilidades de múltiplos contornos, desvios, percursos absolutamente individuais são o que permitem o acolhimento do que há de singular em cada psicótico que chega à instituição. Em síntese, é o que permite o seu tratamento. Mas esses circuitos de relações complementares, por sua vez, só podem ser estabelecidos se for possível colocar em xeque as relações hierárquicas clássicas (médicos, enfermeiros, pacientes). É nesse sentido que Guattari fala em "transversalidade" ou, como mais recentemente coloca Oury, "relações oblíquas". Isso não significa abolir as especificidades dos papéis, estatutos e funções, mas sim tentar evitar que a pessoa se confunda com seu estatuto (por exemplo, o médico que só prescreve as medicações ou o cozinheiro que só prepara as refeições). Para que as múltiplas transferências de que falamos possam ocorrer, é preciso que a função terapêutica não seja atribuição de uns poucos, mais sim compartilhada por todos. Nas palavras de Oury:

> A meta da psicoterapia institucional é criar um Coletivo orientado de tal forma que tudo seja ativado (terapêuticas biológicas, analíticas, desobstrução dos sistemas alienantes sócio-econômicos

etc.), para que o psicótico alcance um campo onde ele possa se balizar, redelimitar seu corpo numa dialética entre parte e totalidade (cf. G. Pankow), participar do 'corpo institucional' pela mediação de "objetos transicionais", estes podendo ser o artifício do Coletivo sob o nome de "técnicas de mediação", as quais chamaríamos de "objetos institucionais". Esses objetos são tanto os ateliês, reuniões, lugares privilegiados, funções, como a participação nos sistemas concretos de gestão ou organização[5].

Em La Borde, há a figura do "monitor", que é uma pessoa interessada no trabalho na clínica e contratada para várias tarefas junto aos pacientes, como por exemplo: limpeza da enfermaria, cuidado com os pacientes acamados, plantões noturnos, participação em ateliês, reuniões, atividades no clube ou quaisquer outras tarefas que desejem acompanhar. A ideia é que o monitor seja alguém justamente capaz de acompanhar essas tarefas cotidianas, contribuindo para que elas se tornem terapêuticas. Encontramos aqui, em meio a essa trama do tecido institucional pensado desde a Psicoterapia Institucional, uma das influências desse que virá a ser o at. Já está aqui presente a importância da realização de tarefas que virá a ser o "fazer" do at, assim como sua inserção em uma equipe de tratamento. Tal como já vimos anunciando, veremos que se essas são condições importantes para que haja um trabalho de AT, elas não são suficientes para defini-lo.

Itália

A reformulação da assistência psiquiátrica italiana começa tardiamente, na década de 60, na cidade de Gorizia (fronteira com a extinta Iugoslávia). Um nome importante no movimento de reforma psiquiátrica italiana é Franco Basaglia, médico psiquiatra que foi um dos precursores da reforma psiquiátrica naquele país, que ficou conhecida como Psiquiatria Democrática. A palavra de ordem era humanizar

Breve percurso pela reforma psiquiátrica: origens clínico-institucionais do AT

os manicômios. Isso não implicava abri-los ou extingui-los, mas sim modificar radicalmente seu funcionamento. Após alguns anos de práticas de "comunidade terapêutica", percebeu-se que, mesmo humanizado, o hospital mantinha certas disfunções institucionais: uma população de marginalizados sociais, com o manicômio reproduzindo, num microssistema de segregação social, a situação de segregação e humilhação vigente fora dele. A experiência de Gorizia terminou em 1968.

Em Trieste, no norte da Itália, a partir de 1970, também sob a direção de Basaglia, teve início a substituição do manicômio da cidade por uma série de serviços comunitários cuja função primordial era manter um regime de vida social para o paciente. O processo de substituição começou em 1971 e ficou conhecido como "desinstitucionalização", composto por três fases:

1971 a 1974 – criação de um "estado de direito" para o interno. Recruta-se novos agentes, profissionais (como enfermeiros, psiquiatras, sociólogos, psicólogos, assistentes sociais) e não-profissionais (animadores culturais, estudantes, artistas). Apesar do trabalho estar concentrado na instituição, sua prática é bastante projetada para o exterior: relação cotidiana com a família, idas com os doentes à cidade, busca de casa e trabalho para os egressos do Hospital. A cidade entra no manicômio (festas, concertos musicais). Tratava-se, enfim, de restituir os direitos civis do doente, sua cidadania.

1975 a 1978 – fase marcada pela abertura dos Centros de Saúde Mental e a promulgação de uma nova lei para a Saúde Mental. Essa lei estabelece "a proibição de construção de novos hospitais e novas internações psiquiátricas; a extinção gradual dos hospitais psiquiátricos existentes; a criação de serviços territoriais que passam a ser responsáveis por toda

CLÍNICA DO ACOMPANHAMENTO TERAPÊUTICO E PSICANÁLISE

a assistência em Saúde Mental; a abolição do estatuto de periculosidade social do doente mental e da tutela jurídica. O doente mental torna-se cidadão pleno e o tratamento passa a ser considerado um direito civil; a modificação do Código Penal naquilo em que ele atribui estatuto jurídico e regulador a questões ligadas à Saúde Mental."[6]

1978 a 1981 – período em que se fazem sentir os efeitos da nova lei e da transferência do atendimento psiquiátrico para a rede de serviços extra-hospital, que agora inclui centros de atendimento 24 horas e serviço de emergência. Graças a estes serviços, o hospital foi definitivamente fechado. Nesta época, busca-se uma integração dos serviços psiquiátricos a outros serviços sanitários e assistenciais de ordem pública, dentro da lógica de inclusão social que permeou todo o processo.

A cidade foi dividida em sete setores, dando origem à chamada Psiquiatria de Setor; cada Centro de Saúde Mental era responsável pelos cuidados de saúde mental de um setor ou território. Quanto ao projeto dos Centros, poder-se-ia dizer que "reconhece o biológico no que pode ser biológico, o psicológico no que possa ser psicológico, mas onde o objetivo deve ser o de superar estes níveis"[7]. Nesses Centros, além de uma equipe mínima de saúde mental, encontramos a figura do voluntário, cuja função é muito importante: é ele que acompanha os usuários com problema de reinserção social, que busca aqueles que permanecem em casa, que os auxilia em suas tarefas domésticas. Alguns se revezam à noite nos apartamentos mantidos pelo programa de Saúde Mental, que são espécies de moradias assistidas, e atendem os usuários em tudo o que necessitam para se manter. Os Centros oferecem também programação cultural, esportiva e recreativa.

Breve percurso pela reforma psiquiátrica: origens clínico-institucionais do AT

Os enfermeiros também têm um convívio intensivo com os usuários, realizando visitas e atendimentos domiciliares, acompanhando-os nas idas e vindas ao Centro, administrando medicação, tanto no Centro como em casa. Passam a manhã e tarde em atividades de recreação, estão disponíveis para longas conversas. Também revezam-se em plantões noturnos no Centro. Há discussões coletivas em reuniões diárias, das quais participam todos os profissionais envolvidos no trabalho do Centro, inclusive os voluntários.

O trabalho do voluntário tem alguma semelhança com o do AT. É alguém que se interessa pelo projeto, está disponível para esse tipo de trabalho. Passa por um período de avaliação na instituição e logo os casos lhe são encaminhados de acordo com sua capacidade técnica e vocação para determinada tarefa. Recebem orientação específica durante as reuniões e, evidentemente, do médico que acompanha o caso. São estudantes de enfermagem ou universitários em geral, de Trieste; muitos vêm do exterior e passam aí períodos de até um ano.

Há no projeto de Trieste uma cooperativa, além dos ateliês. Os pacientes, orientados pelo Centro, dirigem-se a uma determinada cooperativa, de acordo com seu interesse. Além de uma bolsa oferecida pela prefeitura, os membros da cooperativa recebem os lucros, que oscilam conforme a produtividade e qualidade do serviço. A ideia do trabalho é abordada terapeuticamente, sobretudo como um compromisso social do paciente. Dessa forma, a possibilidade de desperdícios e faltas são entendidas como sintomas a serem enfrentados com os pacientes. As cooperativas recebem aportes financeiros para seus projetos, com o apoio da legislação italiana. A preocupação de tornar-se competitiva no mercado é recente e é necessário ter atenção para seus efeitos, que podem ser antiterapêuticos.

Os grupos-apartamentos também têm grande importância no projeto; são apartamentos mantidos pelos Centros, alugados como residência para 1 a 5 pacientes. O objetivo dessas estruturas de moradia gerenciada é desenvolver a rotina de uma casa, como espécie de unidade social mínima a ser administrada, enfrentada pelo paciente.

Com tudo isso, e também pelas características de Trieste – que era uma cidade com predomínio de idosos e com poucos atrativos para os jovens (tanto profissional quanto culturalmente) – os eventos ligados às cooperativas adquiriam uma grande dimensão, ocupando teatros e praças; os pacientes circulam pela cidade, com sua maneira peculiar de ser, mas sem estarem abandonados ou maltratados.

Os projetos de França e Itália testemunharam de forma pioneira a possibilidade de lidar com a loucura longe dos estabelecimentos psiquiátricos fechados. Têm em comum entre si e com outros projetos a rejeição a uma intervenção redutiva e homogeneizadora no tratamento da doença mental, principalmente em relação à psicose. As intervenções que buscavam somente suprimir os sintomas são substituídas por uma "abordagem integral da condição da loucura, plena de riscos, recuos e pequenos avanços, e ancorada tanto em teorias tradicionais e contemporâneas da psiquiatria, como no diálogo com outras áreas do conhecimento e na fundamental incorporação de toda uma bagagem de conhecimentos práticos."[8]

Há originalmente nos dois projetos uma grande importância da atenção individualizada, de acordo com as necessidades de cada paciente. Por outro lado, isso faz com que não sejam possíveis projetos como esses com grandes contingentes populacionais. Daí a noção de territorialização, utilizada pela Itália e agora também, desde há muitos anos, em São Paulo e outros lugares.

Breve percurso pela reforma psiquiátrica: origens clínico-institucionais do AT

Em lugares como Itália, Portugal e Brasil, também fica clara a relação entre os regimes totalitários e o tratamento dispensado à loucura. Este só é modificado conforme acontecem as mudanças políticas, no sentido da abertura e democratização; é só nesse contexto que há espaço para questionamento e para se pensar na loucura e não simplesmente "trancá-la do lado de fora".

Um bom exemplo disso em nosso país é a Comunidade Terapêutica Enfance, uma comunidade terapêutica infantil, a primeira de São Paulo, fundada em 1968, na cidade de Diadema, por um grupo que incluía o psiquiatra Oswaldo Dante Di Loreto. Influenciados pelo psicodrama, pelas teorias da psicoterapia de grupo e pela psicanálise, o grupo praticava o que eles mesmos chamaram de "ambientoterapia", ou seja, enfatizavam e valorizavam o ambiente como instrumento de tratamento das crianças e adolescentes. É curioso notar a relação da comunidade com a situação política no país.

> A comunidade teve uma coincidência histórica interessante: ela foi fundada no ano do AI5, sobrevive e tem seu auge durante a ditadura militar e o que se vivia fora era a lógica da ditadura, do autoritarismo, da falta de participação, da falta de liberdade, da lógica da hierarquia. A Comunidade funcionava como uma zona liberada, funcionava dentro de uma outra lógica, da liberdade, da democracia, da participação de todos. Na medida em que a sociedade vai recuperando estes valores, a Comunidade vai se enfraquecendo.[9]

Além disso, surgem outros recursos de tratamento que prescindem de internação, o que surge como tendência mundial, a partir do início da década de 80, época em que ocorre o enfraquecimento da comunidade referida. Apenas para citar um exemplo, é nessa época que tem início no estado de São Paulo o surgimento dos Ambulatórios de Saúde Mental,

CLÍNICA DO ACOMPANHAMENTO TERAPÊUTICO E PSICANÁLISE

dispositivo de tratamento dos chamados "casos graves", dos quais um grande contingente era composto pelos psicóticos. Tratava-se de uma proposta de tratamento extra asilar como política pública, ainda que em âmbito estadual e ainda não federal, como veremos acontecer a partir da aprovação da lei 10.216, que ficou conhecida como lei Paulo Delgado e que legisla sobre a reforma psiquiátrica e a política da Saúde Mental em todo o território nacional brasileiro.

Ainda assim, na Comunidade Enfance, encontramos desde seu início a função de assistente-recreacionista, depois substituída pela de assistente psiquiátrico. Eram jovens sem formação específica que eram os chamados "terapeutas do viver comum" e que conviviam muito com as crianças e adolescentes, acompanhavam-nos em seu cotidiano.

Segundo Di Loreto,

> o que é a essência de uma psicoterapia? Uma psicoterapia é uma experiência inter-humana, em que uma pessoa cuida para que estas experiências ganhem um caráter modificador, que dê ao paciente possibilidade de ele enxergar o novo, ver o velho com luzes novas [...] O que era essencial era a relação humana, não eram os atributos do consultório: poltronas, sala, caixa de ludo. Podiam ser facilitadores, mas não era isso que fazia uma psicoterapia, nem os bons ares de Diadema. [...] os pacientes viviam na Comunidade, comiam, dormiam, jogavam bola. Então, precisávamos levar ações terapêuticas para a vida comum, para o viver de todo dia, não só fechado nas salinhas, não se retirava mais os pacientes para ir para a salinha de terapia. Precisávamos de pessoas capazes de estabelecer estas relações humanas terapêuticas. Neste momento, o lugar do assistente mudou: ele não estava mais lá para tomar conta, acompanhar as crianças, apartar brigas, ajudar a escovar os dentes e vestir a roupa, brincar junto. O assistente estava lá para tornar estas atividades terapêuticas.[10]

Assistente psiquiátrico, na comunidade Enfance; monitor em La Borde; voluntário e enfermeiro em Trieste. Estas são

Breve percurso pela reforma psiquiátrica: origens clínico-institucionais do AT

algumas das influências que estão na origem do Acompanhamento Terapêutico, que guardam semelhanças com esta prática, mas que são diferentes dela. O AT guarda algumas características herdadas destes precursores: a disponibilidade para dialogar com a loucura, com o estranho, o diferente, para estar com o paciente, a circulação pela cidade e dentro das instituições, a inserção nas atividades cotidianas do paciente.

Por outro lado, como já indicamos, atualmente, essas atribuições não são suficientes para designar a especificidade do AT. Mas o que diferenciava estes profissionais do atual at? A resposta a essa pergunta sem dúvida está relacionada à formação mais consistente e a referenciais teóricos definidos que embasem a prática do AT.

A influência da Psicanálise faz com que o at não seja somente um auxiliar psiquiátrico, um voluntário etc. Isso porque é requerido que o at, desde a Psicanálise de Freud a Lacan, dirija o tratamento, uma vez que trabalha a partir de uma ética precisa. Não se trata de seguir as recomendações do médico ou da instituição de tratamento, assim como não se trata de ignorá-las. Trata-se, isso sim, de realizar um diagnóstico estrutural e dirigir o tratamento de um acompanhado, dialogando com a equipe multidisciplinar da instituição, com a família e com a escola quando é o caso. Para isso, é necessária uma formação teórico-prática que permita ao at uma visão crítica da situação e do tratamento. Essa proposição nos conduz novamente ao terreno escorregadio da diferença entre o at orientado pela psicanálise e o psicanalista. Afinal, um psicanalista não poderia fazer o mesmo?

Por ora, em articulação com essa questão, vamos propor outra: qual a diferença entre o que podemos chamar de função de at e do AT como uma profissão? Esta é uma questão que se apresenta em nosso campo, no campo do acompanhamento terapêutico, já que ele pode ser entendido e colocado em prática a partir dessas diferentes concepções. A ideia do AT como função, por um lado o aproxima de uma maneira mais direta da psicanálise se tomamos o at como uma estratégia do psicanalista, o que discutimos no capítulo 2. Essa ideia é condizente com um at que se orienta pela ética da psicanálise por um lado, mas por outro lado coloca em xeque a própria especificidade do AT. Tomar o AT como uma profissão, por sua vez, parece delimitar mais claramente a diferença entre at e psicanalista, mas ainda deixa margem para dúvidas quanto ao que define o at. Que profissão é essa? Aqui, é preciso cuidado para não retroceder à velha concepção do at como aquele que deve levar o louco para a rua, para o "fazer" e para a "saída". Esse debate está longe de terminar, é o que nos mostram as diferentes histórias do AT nos diferentes países. Enquanto na Argentina e em outros países da América Latina vemos uma tendência de profissionalização do at, com a criação de cursos profissionalizantes e associações, no Brasil há uma posição diferente. O AT é uma prática plural, utilizado por diferentes abordagens teóricas e conta com inúmeros cursos de formação, em geral sem regulamentação, já que o AT também não é uma profissão regulamentada no país. Esse caminho, se por um lado dificulta a inserção do AT como uma política pública, por exemplo, por outro lado permite que o AT seja exercido eticamente, a partir do desejo daqueles que escolhem exercer essa prática, independentemente de sua formação anterior: não é necessário ser vinculado a nenhuma associação ou ter uma formação determinada à priori para exercer essa prática. Ou seja, vemos em nosso país acontecer com o AT o mesmo que ocorre com a psicanálise, a despeito de tentativas que já foram feitas de regulamentação da "profissão" de psicanalista. Se não podemos transformar o desejo de analista em profissão, é possível transformar o desejo de analista que pode estar presente no at em profissão?

Há também o lugar de borda ocupado pelo at em relação às instituições, que lhe permite escutar e intervir como "entre". Não se trata apenas de um lugar externo às instituições, mas sim de uma posição que lhe permite alguma exterioridade. É desde esse lugar que o at pode fazer furo nos discursos institucionais hegemônicos, desde uma ética do sujeito. Se profissionalizamos o AT, há que se pensar como preservar a liberdade de exercício dessa ética, que muitas vezes entra em choque com outras éticas, como a ética da Medicina ou da cidadania, por exemplo. Afinal, para a regulamentação de uma profissão, é necessário um pacto social que atenda certas demandas. Como preservar as possibilidades terapêuticas e a liberdade de intervenção do at desde uma regulamentação?

Sem dúvida ambas as concepções – a do AT como função e a do AT como profissão – trazem problemas e soluções, não se trata de dizer qual delas é a melhor. Trata-se, isso sim, de apontar as diferentes saídas encontradas até agora e avaliar suas consequências, de modo a fazer o debate avançar no que diz respeito a essas diferentes possibilidades no campo do AT.

2 FORMAÇÃO DO at

CONFORME COMENTAMOS, A EXIGÊNCIA QUE SE PODERIA FAZER PARA A formação de um at mudou bastante nas últimas décadas. Podemos dizer que até os anos 1990 era suficiente que o at fosse alguém interessado, com vocação para a convivência e tolerância com as diferenças. Era bastante comum que fosse estudante de psicologia ou alguma área afim e normalmente trabalhava com AT enquanto não estava formado ou enquanto o consultório não "deslanchava". Juntava-se a essas características alguns conceitos psicanalíticos, uma introdução à história da loucura e assim tínhamos um at; estávamos conversados. Claro que não era pouca coisa, se pensarmos em uma prática, então, tão jovem quanto indeterminada. No entanto, as exigências de formação atualmente não são as mesmas que eram antes, já que aprendemos com a experiência.

Com sua origem múltipla, o at é atualmente no Brasil uma prática que abarca concepções muito diversas e heterogêneas. Se por um lado nisso reside sua riqueza, já que o at pode trabalhar orientado pelas mais diversas teorias e em situações tão diversas quanto hospitais, escolas, instituições de saúde mental etc., também pode ser razão de confusão e falta de referências quando se trata de pensar o que seria uma formação em acompanhamento terapêutico. Daí o desafio de falar sobre o que pode ser considerado formação do acompanhante terapêutico sem adotar receitas que coloquem o at dentro de uma forma, o que seria totalmente contrário à ética que orienta a ação desse profissional.

Formação terminável e interminável

Neste capítulo, apresentarei pontos cruciais para a formação de um at que se oriente pela psicanálise de Freud a Lacan. Mais do que tudo, trata-se de apontar direções para uma formação que, tal como a formação do psicanalista, é contínua e não-toda.

Muito se fala sobre a formação interminável do psicanalista e agora estamos propondo o mesmo para o at. Afinal, qual é a justificativa para essa ideia?

A ideia de que a formação do analista é interminável está ligada, antes de tudo, a uma motivação ética. Imaginar que a formação do analista poderia estar concluída apontaria para algo da ordem de uma completude que contradiz completamente a própria ética da psicanálise como ética do desejo. Se o desejo é da ordem de um furo, de um vazio a partir do qual o sujeito pode se movimentar, ele não pode ser tamponado por um saber que se queira totalizante. Mesmo atentos para o fato de que o analista não é idêntico ao at, podemos indicar que com a formação do at se passa algo análogo. Ou seja, estamos partindo do princípio de que há muitas semelhanças entre a formação do at e a formação do psicanalista e por isso usamos o referencial de formação do psicanalista para nos ajudar a sistematizar melhor uma concepção sobre a formação do at. Apesar das diferenças entre o atendimento em AT e no consultório, podemos, inclusive, nos perguntar se algumas das principais diretrizes de formação do at não são exatamente as mesmas que as da formação do analista.

Quando falamos na formação de um psicanalista, sempre nos referimos ao famoso tripé: análise pessoal, supervisão e formação teórica. Esse tripé também vale para o at, mas acho que vale a pena destacar outras características que talvez possam ser formuladas de modo mais próximo ao at.

Formação do at

Ética da psicanálise e clínica do AT

É importante dizer que essa formação precisa estar orientada por uma ética determinada. Não existe uma única ética, mas sim éticas diferentes, que apontam direções diversas. A ética da medicina, por exemplo, é diferente da ética da psicanálise. Enquanto a primeira se apoia em um saber do lado do médico que lhe permite conhecer como é melhor tratar o corpo de alguém, a ética da psicanálise leva em conta que há um saber inconsciente do lado do sujeito e é a esse saber que ele visa. No AT que se orienta pela psicanálise a ética vigente é a ética da psicanálise, que aponta para o sujeito do inconsciente. Isso traz uma série de questões, ligadas ao modo como um at vai intervir e também à sua relação com outros membros de uma equipe de tratamento. Por exemplo, como um at pode se posicionar se, desde a ética que lhe orienta, a direção que propõe discorda da direção proposta pelo restante da equipe de tratamento de um determinado acompanhado?

É a questão que encontramos em pauta no caso clínico de um sujeito psicótico que sofre as consequências da obesidade mórbida. Trata-se de uma mulher próxima dos 40 anos de idade, em acompanhamento terapêutico havia muitos anos por uma equipe de três ou quatro ats. Depois de duas passagens ao ato em que feriu seu próprio corpo, ela encontrou, depois de bastante tempo, uma relativa estabilidade que já durava anos e, no momento que ora descrevemos, seu tratamento se dava quase que exclusivamente através do AT e da medicação. Desde a juventude começou a engordar, pois se tratava de um sujeito que gostava muito de comer. Além de gostar, dizia que "comer lhe acalmava". Sair para almoçar ou jantar, sozinha ou com os ats, era para ela um grande prazer. Conhecia muitos restaurantes, tinha um gosto refinado e era capaz de uma avaliação criteriosa e objetiva dos pratos servidos, sem se deixar seduzir pelo nome ou fama do restaurante em questão. Todavia, o aumento de peso decorrente de seu gosto e da busca por "calma" começou a lhe causar problemas, como o aumento de colesterol e açúcar no sangue, resultando em uma pré-diabetes. Frente a esse quadro, o médico endocrinologista que a acompanhava sugere uma cirurgia de redução de estômago, para tentar contornar o problema, o que claramente a deixou com muito medo.

A equipe de ats teve um outro entendimento da situação. O que está em jogo é um sujeito esquizofrênico, para quem os acontecimentos no corpo ganham um valor muito peculiar. O corpo do esquizofrênico é um corpo fragmentado, sua representação é constantemente vivida como ameaçada. Por exemplo, delírios envolvendo o corpo ou partes dele são comuns, a sensação de que alguma parte do corpo está deformada ou que vai se soltar do restante do corpo é frequente. No caso em questão, tratava-se justamente de um sujeito que vivia o temor que uma parte de seu corpo se desprendesse do resto e, em alguns momentos, tinha a clara sensação de que partes de seu corpo eram deformadas. Essas sensações lhe obrigavam a fazer constantes verificações para tentar garantir a integridade de seu corpo.

Frente a essa situação, que os ats conheciam e acompanhavam, sua avaliação foi de que uma intervenção no real do corpo desse sujeito naquele momento, como uma cirurgia de redução de estômago, poderia ter efeitos subjetivos devastadores, pois não levava em conta as manifestações do sujeito que eram contrárias à intervenção. Uma ocorrência do real que interferia tão radicalmente na economia de gozo e de prazer de um sujeito, muito provavelmente colocaria em risco a estabilidade conquistada por ele a duras penas. Em algumas situações, a estabilidade de um psicótico pode

Formação do at

ser tênue e se perder com certa facilidade. Desse modo, a equipe de ats, mesmo sabendo o risco de saúde que esse sujeito vivia, se posicionou contrariamente à cirurgia, sustentada pela ética da psicanálise. Ao fim, a cirurgia realmente não ocorreu e foram buscadas outras saídas para minimizar os problemas de saúde decorrentes da obesidade mórbida.

Em situações como essa, é importante que o at possa se posicionar a partir de sua ética, ainda que a decisão não lhe caiba. Se a equipe de ats tivesse simplesmente concordado com o médico, provavelmente a acompanhada teria sido submetida a essa cirurgia, com as consequências previsíveis de desestabilização. O fato da equipe ter argumentado, se posicionando a partir da ética da psicanálise, teve como efeito que a família e o próprio médico repensassem a sugestão da cirurgia, que à primeira vista poderia parecer a melhor saída para a situação.

Ética e moral na formação do at[1]

Podemos dizer que a ética e a moral referem-se aos usos e costumes de uma determinada cultura. Todavia, há diferentes modos de pensá-las ao longo do tempo e para diferentes autores. Não empreenderemos uma discussão profunda sobre o tema, mas vamos situar rapidamente os autores aos quais Lacan se refere em sua discussão sobre o que considera como a ética da psicanálise.

As ideias de ética e de moral remontam à antiguidade: para Aristóteles, ambas são tomadas como sinônimos, na medida em que para ele não há distinção entre público e privado. Para esse pensador, vale a ética da virtude: deve-se fazer o que é virtuoso. Por outro lado, podemos definir a moral como o conjunto de regras que são aceitas socialmente e apontam para a virtude. Uma vez que se tenha como referência a ética da virtude, as soluções dadas a determinados problemas são particulares, ou seja, não seguem regras universais. Ao contrário, sua ética tende a ser uma ética particularista. Particularista é diferente de relativista; não se trata de mudar a ética para cada situação, mas de buscar a maneira mais adequada, em cada caso, de atingi-la.

O exemplo clássico aqui seria o de um homem que cometesse um assassinato. Esse seria um ato aceitável em termos da moral? Embora a princípio não seja, para Aristóteles, isso vai depender de certas circunstâncias. A princípio, podemos dizer que se trata de ação moralmente condenável. Se, por exemplo, um tirano sequestra minha família e me ordena que mate alguém – um inimigo dele, por exemplo – obedecê-lo seria moralmente condenável. No entanto, se esse mesmo tirano sequestra minha família e ameaça matá-la caso eu não mate seu inimigo, o assassinato que eu venha a cometer a contragosto nessa situação pode se tornar uma ação moral: mato para salvar outras vidas, as de minha família.

Em uma tradição moderna, Kant, no século XVIII, formula o procedimento do imperativo categórico, que visa pôr à prova as ações do homem. Para isso, deve universalizar uma regra que já existe. Para Kant, uma ação só é moral na medida em que atenda à condição de poder ser universalizável (em oposição ao pensamento particularista de Aristóteles): antes de executar uma ação, devo me interrogar se a atitude que tomarei seria também correta caso se voltasse para mim e em qualquer outra situação. Dito de outro modo, não devo fazer a outro aquilo que não seria correto que fizessem a qualquer um e inclusive a mim. Nesse caso, trata-se de uma regra que aponta para a universalização, na medida em que o bem é comum, é o mesmo para todos. Este é o Bem Supremo, ao qual se refere Lacan, partindo de Kant: o que é bom para um homem, deve ser bom para

Formação do at

todos. Não está em jogo aqui a singularidade de cada homem, pelo contrário; qualquer ser racional deve aceitar a regra da universalização. No exemplo citado, o assassinato seria moralmente condenável mesmo que eu o fizesse para defender a vida da minha família. Ou seja, para que o imperativo categórico tenha validade, não pode haver exceções. De forma resumida, diferente do que ocorre para Aristóteles, para Kant, a moral diz respeito a valores da esfera pública, enquanto a ética se aplica à esfera privada. Elas podem coincidir ou não. Lacan diferencia ética e moral e propõe para a psicanálise uma ética bem específica.

Lacan critica a proposta de colocar a ética da psicanálise do lado da moral, empreendida pelos leitores anglo-saxões de Freud, seus contemporâneos. Em seu seminário sobre a ética[2], Lacan indica o que considera os três ideais propostos, explicita ou implicitamente por essa leitura da psicanálise e que seriam: o ideal do amor humano, o ideal da autenticidade e por último o ideal da não dependência – os quais Lacan desmonta em seu texto, evidenciando o que os sustenta. Ele demonstra a vizinhança desses ideais com os ideais morais na acepção kantiana dos hábitos e costumes, já que tendem a definir de antemão o que seria bom para todos – e, portanto, uma tentativa de universalização incompatível com a psicanálise, cuja proposta se baseia na singularização do sujeito desde uma ética do desejo. A ética da psicanálise só pode ser singular, dada a singularidade do desejo do sujeito, ainda que a ética do desejo valha como universal dentro da psicanálise, como indicador da direção do tratamento. Para a psicanálise, o imperativo moral, substrato dos ideais como esses três citados acima e criticados por Lacan, estaria do lado do masoquismo moral. Em contraponto ao masoquismo moral, Lacan situará a ética da psicanálise do lado do desejo:

Esse *Wunsch*, nós o encontramos, em seu caráter particular irredutível, como uma modificação que não supõe outra normatividade senão a de uma experiência de prazer ou de penar, mas uma experiência derradeira de onde ele jorra, e a partir da qual ele se conserva na profundeza do sujeito sob uma forma irredutível. O *Wunsch* não tem o caráter de uma lei universal, mas, pelo contrário, da lei mais particular – mesmo que seja universal que essa particularidade se encontre em cada um dos seres humanos.[3]

Apontando para o *Wunsch*, que pode ser traduzido como desejo do sujeito, Lacan evidencia ao mesmo tempo o caráter único do desejo, que, portanto, é mais preciso chamar de *singular*[4] – uma vez que o desejo é peculiar a cada sujeito – ao mesmo tempo que alude à sua característica universal, já que o desejo como tal estará sempre presente no homem. Assim, temos de um lado a moral, em sua acepção de *universal*, e o imperativo do masoquismo moral. Do outro lado se situaria a ética da psicanálise e o *Wunsch*, o desejo naquilo que guarda de singularidade. É o que encontramos abaixo:

MORAL	ÉTICA DA PSICANÁLISE
- UNIVERSAL - MASOQUISMO MORAL	- SINGULAR - WUNSCH (DESEJO)

Lacan esclarece que, à primeira vista, a ordem da ética da psicanálise poderia ser tomada num mal-entendido como a busca de uma moral natural, de um equilíbrio normativo com o mundo, ao qual uma suposta maturação dos instintos levaria naturalmente. Nesse sentido, alude à relação genital idealizada por psicanalistas pós-freudianos como objetivo a ser atingido. Ele mostra que haveria aí uma referência a um equilíbrio ideal que apontaria para essa relação genital, mas deixando de fora um aspecto muito importante. Trata-se do

Formação do at

fato de que a consciência moral nunca é aplacada, mostrando-se mais cruel quanto mais é satisfeita em suas exigências. Lacan identifica aqui o paradoxo da consciência moral, no qual se manifestaria o ódio de si: quanto mais alguém segue a diretriz moral, tanto mais deve punir-se. Ora, o que evidencia esse paradoxo é a existência da *Trieb*, a pulsão, em detrimento de uma suposta bondade humana, suposta adequação ao objeto e ao mundo; como frisa Lacan, não se trata de *Instinkt*, não é ao instinto que se refere Freud, menos ainda a um instinto em harmonia com a natureza e em equilíbrio. Refere-se, isso sim, à pulsão, com sua característica de *deriva*. A *Trieb* busca satisfação, o que não significa necessariamente prazer. Daí poder se satisfazer masoquisticamente pela via da consciência moral – o que em nada tem a ver com "bondade humana" nem com uma moral natural, mas que pode ter muito a ver com a tentativa do sujeito de se adequar a um suposto bem universal, Bem Supremo na acepção kantiana.

É por essa razão que a ética da psicanálise não se coaduna com a moral. E é pela mesma razão que é importante que o at adote para si uma ética que norteie seu posicionamento em situações que surgirão ao longo do AT. A moral não é ruim ou boa a princípio, mas ela parte de uma série de valores que tendem ao universal. Caso o at não se oriente pela ética da psicanálise, ele corre o risco de se guiar por aquilo que é da ordem da moral e terminará, sem se dar conta, por tomar decisões e assumir posturas muito mais pautado em universais dessa mesma moral do que na escuta do sujeito singular que acompanha. É o que poderia ter acontecido no caso da acompanhada obesa referida acima. A cirurgia de redução do estômago parecia ser uma questão de bom-senso e cuidado com a paciente. E de fato era, mas não estava levando em conta um elemento essencial que é a singularidade do sujeito de que se trata nessa cirurgia.

Os nós de uma rede

Proponho como cruciais para a formação do at os seguintes pontos, sempre orientados pela ética da psicanálise:

- Formação teórica
- Desejo de acompanhar terapeuticamente/ Acompanhar terapeuticamente
- Supervisão
- Análise pessoal
- Dispositivo grupal

Esses pontos não estão sendo enumerados por ordem de importância, até porque não são comparáveis uns com os outros, mas sim **se articulam, formando uma rede que sustenta o at. Uma rede composta por saber e não-saber.**

Formação teórica

Uma formação teórica que inclua leituras, discussões sobre o Acompanhamento Terapêutico e que tenha um referencial teórico definido – do tipo análise do comportamento, fenomenologia ou psicanálise, não só ajuda muito na formação como é crucial. Ou seja, é necessário uma teoria que ajude a teorizar o próprio Acompanhamento Terapêutico, que seja uma baliza para a clínica do AT e converse com essa clínica, permitindo ao at localizar em seu "fazer" clínico. E, nesse sentido, de pouco adianta fazer uma mistura de teorias. No que tange à teoria, existe a necessidade de escolher, mesmo que depois se mude de ideia e se escolha outra teoria como referência. Mas, se escolho a psicanálise, vou estudar essa teoria até o ponto em que ela efetivamente me oriente. Mesmo dentro da psicanálise é necessário fazer algumas escolhas. Não é possível ser ao mesmo tempo lacaniano e winnicottiano, por exemplo, já que cada um desses autores tem entendimentos muito diversos de certos pontos cruciais da psicanálise e de como ela vai trabalhar em cada caso.

Um exemplo: o entendimento do que seja a psicose. Para Winnicott, de modo geral, trata-se de uma falha no desenvolvimento. Ou seja, supõe-se uma imaturidade, um déficit da psicose em relação à neurose. Dentro de uma concepção desenvolvimentista, haveria um funcionamento mental mais desejável do que outro porque mais maduro – a neurose em detrimento da psicose. Já Lacan entende que a psicose é uma estrutura subjetiva diferente da neurose, não é melhor nem pior. É apenas diferente. Escolhi esse exemplo não à toa, mas para mostrar que, embora se costume considerar que tanto Winnicott quanto Lacan são teóricos da psicanálise, eles partem de pressupostos diversos e inconciliáveis, ou seja, aquilo que fornece a base para a clínica de cada um é diferente – e, portanto, as intervenções a partir de cada uma dessas duas leituras será diferente. É preciso fazer uma escolha: ou bem pensamos que a psicose é expressão de uma imaturidade no desenvolvimento do psiquismo ou bem entendemos que se trata de uma forma de estruturação subjetiva diferente da neurose, nem melhor nem pior. É claro que há pontos conciliáveis das duas teorias ou, no mínimo, pontos que dialogam entre si. Mas se a ideia for buscar esses pontos, o principal objetivo da teoria, ou seja, sua coerência interna, se perde, pois fazemos uma pesca aleatória de conceitos dentro de teorias que na verdade são muito diferentes, partem de algumas premissas fundamentais diferentes, como é o caso do entendimento da psicose em Winnicott e Lacan. Seria mais ou menos como tentar resolver um problema proposto pela engenharia civil com o arsenal teórico da engenharia metalurgista: ou seria claramente impossível ou, com sorte, alguma resposta se construiria. Mas, quando se trata de coisas como construir edifícios ou atender clinicamente, é melhor não precisar contar apenas com a sorte. Por isso fazemos uma escolha de teoria de referência.

Não existe uma regulamentação da profissão de at e, portanto, nenhuma área pode requerer o direito exclusivo sobre ela. Por isso existem ats que são estudantes ou já formados em psicologia, TO, enfermagem etc. Mas, independentemente da formação universitária que tenha um futuro at, é de outra teoria, de outra formação que ele precisa se cercar.

Entretanto, a formação teórica é apenas uma parte. Alguém pode se sair bem em sua formação teórica, mas, ao começar a acompanhar, pode fazer muita confusão se não estiver bem orientado. Especialmente por aquilo que concerne à ética e que a teoria sozinha não pode ensinar. É por isso que a teoria sem a ética e dispositivos que a transmitam, como a análise pessoal e a supervisão, é pouco para formar um at.

Frequentar simplesmente um curso teórico não garante que daí saia um analista ou um at. Aliás, toda a formação que se pode propor não passa de mero formalismo se não houver, junto à direção ética, implicação e desejo de analista ou, de forma análoga, de acompanhante terapêutico por parte daquele que se engaja nesta ou naquela formação. Também é necessário que esse psicanalista – e tomo a liberdade de fazer uma extensão para o campo do AT – possa autorizar a si mesmo como tal. Essa afirmação pede alguma cautela. Não se trata de autorizar-se levianamente, mas a partir de sua implicação com a ética, com a formação permanente e com o acompanhar terapeuticamente. Isso significa que há uma decisão muito pessoal que todo aquele que quer ser at precisa tomar: em que momento ele pode se autorizar a começar a acompanhar por conta própria e também referido a uma formação que precisa se manter ativa.

Formação do at

Desejo de *acompanhar terapeuticamente/* Acompanhar terapeuticamente

Aqui caberia uma analogia com o que em psicanálise lacaniana chamamos *desejo de analista*. Poderíamos pensar em um "desejo de acompanhante terapêutico", que deve ter consequências de grande monta na formação. Esse desejo se articula intimamente com a ética da psicanálise, que aqui tomo como referência para o at que se orienta pela psicanálise de Freud a Lacan.

Para que a teoria nos atravesse, mesmo que não estejamos pensando nela no momento em que atendemos, é necessário que haja esta implicação com esse desejo específico. Essa implicação vai levar o at a iniciar e sustentar uma clínica que com frequência se depara com situações imprevisíveis e incompreensíveis.

Não há uma maneira correta de começar a acompanhar e, nesse sentido, podemos dizer que autorizar-se a acompanhar não tem origem na "formação formal", formação teórica como AT ou pelo menos não apenas aí. Há muitos ats que, ao começarem a acompanhar, têm muito mais desejo de acompanhamento terapêutico do que formação teórica. Isso não significa que o desejo de acompanhar e o autorizar-se são suficientes, mas são imprescindíveis. Depois que se começa a acompanhar, é importante a busca de outros dispositivos de formação: supervisão, mais aporte teórico etc.

É formador acompanhar, na medida em que muitas das questões a serem discutidas e pesquisadas por cada at só surgem da sua prática clínica. É aí que também pode se esclarecer como cada at deseja continuar sua formação. Se a formação teórica aponta para a aquisição de um *saber*, o acompanhar nos coloca justamente na situação de *não--saber*. Na cena mesma do acompanhamento, não se trata de saber, mas de acompanhar, de escutar algo que é singular

CLÍNICA DO ACOMPANHAMENTO TERAPÊUTICO E PSICANÁLISE

e diverso de um saber teórico. Viver a experiência de acompanhar não é algo que possa se aprender sem acompanhar, apenas teoricamente. Assim, temos um contraponto interessante: de um lado, o não-saber com o qual nos deparamos na clínica e, por outro, o saber que a teoria nos proporciona.

Enquanto acompanhamos, não estamos mesmo em condições de saber, mas sim de acompanhar, de escutar. Algum entendimento pode se fazer durante um AT, mas esse teria muito mais a ver com a verdade do que com o saber. Muito mais com a verdade particular de um sujeito, o nosso acompanhado – concepção bastante vinculada à ética da psicanálise – do que com um saber no sentido universalizante, no sentido de que haveria algum modelo de AT a ser seguido.

Em um trabalho de AT que pode durar muitos anos, podemos passar meses apenas passeando de carro sem destino pelas ruas da cidade – sem entender exatamente do que se trata. Ou jogando xadrez por vários encontros, ou ficar em casa assistindo TV com o acompanhado.

Nesses exemplos, não há nenhum saber disponível que permita avaliar, no momento mesmo em que a cena se desenrola, do que se trata nesses pedidos de AT. Muitas vezes só contamos com nosso desejo de acompanhar, que nos permite aceitar propostas que parecem estapafúrdias. Isso não significa que nos damos por satisfeitos ao não entender o que se passa, mas sim que podemos fazer uma aposta no sujeito, para então esperar o tempo necessário para saber o que está em jogo para o acompanhado em situações como essa. Apenas para exemplificar, podemos dizer que o acompanhado do carro retomava pontos importantes de sua história de vida, inclusive antes da primeira crise, a partir do percurso que fazia junto com o at. O paciente que propôs jogar xadrez com o at o fez depois de permanecer quase

Formação do at

quinze dias deitado na cama, sem querer levantar para nada, nem mesmo comer ou tomar banho. Nesse contexto, jogar xadrez surgiu como o laço possível, que permitiu ao acompanhado retomar algum contato e sair da cama.

É possível atender a um pedido de acompanhamento terapêutico formulado pelo psiquiatra ou pela família fazendo desses pedidos o foco do acompanhamento e deixar de lado a escuta do nosso acompanhado, atentando para o pedido explícito da família e do médico. Assim, por exemplo, a mãe de uma pré-adolescente psicótica pede uma at e quer que ela leve a menina para fora de casa, para passear e que a ajude a tornar-se "mais feminina".

Quando sou chamada para acompanhar a adolescente, a mãe aponta, entre outras coisas, para a "falta de feminilidade" da filha. Essa menina, aos treze anos, só usa roupas largas e com motivos infantis. Não usa adereços femininos, como brincos, pulseiras, colares... ela também perdeu o interesse em sair de casa, pois acha que as pessoas na rua "olham feio" para ela. Se simplesmente faço o que sua mãe me pede, estarei ignorando aspectos importantes do caso. Como, por exemplo, que ela está no limiar de uma crise psicótica, sentindo-se perseguida na rua, daí sua vontade de não sair de casa. Ou então estarei ignorando que aquilo que a leva em direção à crise psicótica é justamente a pergunta a que todo adolescente é chamado a responder: sou homem ou sou mulher? Ser "feminina" seria buscar responder a uma pergunta que é justamente o que a acompanhada evita ao máximo, porque a lança em direção ao abismo: a definição de uma escolha sexual que não tem condições de fazer, que exige que ela se depare simbolicamente com a diferença sexual e se posicione em relação a ela. Isso poderia contribuir para lançar a adolescente em direção às questões edípicas que exatamente são as que a precipitam em direção à crise. Se estamos falando de um caso de psicose, o Nome-do-Pai, que é desde o qual ela poderia responder à questão sobre sua posição na partilha dos sexos, está foracluído. Desse modo, não tem como responder simbolicamente a isso.

Portanto, se respondo prontamente a demandas já estabelecidas pelas variadas instâncias que se encarregam do paciente ou que chamam o at – levar fulano para passear, ir com sicrano procurar emprego – corro o risco de não o escutar. E que função tem este AT, no sentido de uma escuta do sujeito do acompanhado? Utilizando o referencial psicanalítico, tratar-se-ia de mera realização de tarefas, resposta de demandas familiares e institucionais e não de uma escuta do sujeito do inconsciente. Mas escutar o sujeito não significa ignorar, rechaçar o que nos dizem as outras instâncias, até porque, se isso acontece, há grandes chances de que não possamos realizar nosso trabalho, pois frequentemente é a família e o psiquiatra que sustentam a presença do at no tratamento. Assim, é preciso acolher os pedidos da família, por exemplo. Mas acolher é diferente de responder. Posso acolher, dialogar, sem necessariamente cumprir literalmente o que me pedem. Por exemplo, um AT pode começar levando e buscando um adolescente da natação, porque foi esse o pedido da família. Mas, no caminho para casa, é possível parar em uma praça para tomar sorvete ou então entrar em uma locadora próxima de casa nunca antes explorada ou algum outro desvio ligado ao sujeito e à sua singularidade e não à demanda da família ou do psiquiatra.

A decisão sobre que demanda atender ou não atender, como manejá-la, depende da orientação tanto pela ética da psicanálise quanto pelo que propus chamar "desejo de acompanhar terapeuticamente".

Formação do at

Supervisão

Lacan, ao fazer uma crítica à formação de analistas proposta pela IPA, disse que não existe análise didática porque toda análise é e deve ser essencialmente didática. A questão da didática ressurge na discussão sobre a supervisão, que talvez possa ser considerada a instância essencialmente didática na formação de um analista, justamente por causa da articulação teórico-clínica que ali se realiza. Nada impede que façamos uma extensão direta para a função da supervisão na formação do analista e do at.

Mas essa didática tem uma característica muito especial: deve ser jogada fora na experiência analítica. Ao ser atravessado pela psicanálise, podemos esquecer da teoria no momento de viver a experiência. Na análise, estamos na condição de apreender uma verdade em estado nascente e não um saber já sabido de antemão. Talvez o maior saber do psicanalista seja saber que o sujeito sabe de algo essencial, sem saber que sabe. O sujeito tem acesso, pode saber algo de sua própria verdade, de seu desejo singular. E, novamente, é justo fazer uma extensão dessa ética aos domínios do AT. O at, através de sua escuta, aponta para um saber do sujeito.

Mas como se articulam essas duas experiências tão diversas, o *saber* que está em jogo na teoria e o *não-saber* com o qual nos deparamos ao acompanhar?

É isso que faz o trabalho da supervisão, que podemos chamar de uma articulação teórico-clínica. Essa é uma concepção possível do que seja a supervisão em AT. Há outras. Por exemplo, de que um supervisor é alguém que deve exercer uma função de controle, dizendo aos ats o que devem e o que não devem fazer, dizer o que fizeram certo e o que fizeram errado. Não é um método de supervisão que nos interesse, porque perpetra uma alienação que vai na contramão da ética da psicanálise, na medida em que situa o saber no supervisor, o que desresponsabiliza o at por seu fazer. É claro que o supervisor supostamente é alguém com mais percurso teórico e clínico do que o supervisionando, mas traduzir essa diferença em termos de "há um que sabe" é um grande risco para a clínica, uma vez que desimplica o at de sua ação e ao mesmo tempo constitui um mestre – no caso, o supervisor. Desde Freud, sabemos que a mestria está na contramão do discurso do psicanalista e sua ética.

Ao designar a supervisão como um lugar de articulação, podemos dizer que é nela que tentamos articular o universal da teoria ao particular da clínica e da escuta. Segundo Jorge, "A supervisão é um dispositivo que se insere precisamente nesse lugar intersticial de articular o saber ao não saber, pelo qual se revitaliza a experiência clínica e reabre-se o seu campo particular de ação. Dito de outro modo, a supervisão articula o universal da teoria ao particular da clínica e reabre o lugar da escuta, isto é, o lugar do analista, para a subjetividade em questão"[5].

Esse é um bom contra-argumento para aqueles que dizem que a teoria "amarra" a clínica, rotulando o paciente. A teoria só faz isso, só nos cega para a clínica se não soubermos o que fazer com ela, se não as fizermos conversar, se tomarmos a teoria como fim em si mesma, como verdade absoluta que deve apenas ser comprovada. Por outro lado, se não temos uma teoria de referência, que parâmetros compartilháveis podemos ter para discutir a direção de um tratamento? O que nos orienta em um AT, para além de senso comum? É por isso que a supervisão é tão importante para a formação e para o trabalho do AT; é aqui o lugar por excelência para fazer teoria e clínica conversarem, tendo a ética da psicanálise, ética do sujeito do inconsciente como horizonte.

Formação do at

Análise pessoal

Outro ponto importante na formação do at é a análise pessoal. Quando alguém deseja ser analista, sabe que será parte de sua formação passar, ele mesmo, por uma análise. A exigência maior para ser um at não é ter sido acompanhado necessariamente em um acompanhamento terapêutico, mas sim ter sido acompanhado nos seus não-sabidos, ter se deparado com seu inconsciente e ter sido escutado nisso. Esse é o tipo de trabalho que fazemos em uma análise. Podemos também fazê-lo em um AT, mas o acompanhamento terapêutico engloba outras demandas, que não são necessariamente as daquele que deseja trabalhar como at.

A análise também faz parte da transmissão da psicanálise, é a forma mais prática de passar por essa transmissão: viver a experiência da análise. Para escutar o não-saber do nosso acompanhado, é preciso que tenhamos assentido em nosso próprio não-saber. Porque, para a formação em AT, assim como para a formação em psicanálise, não basta saber: saber a teoria, saber a técnica. É preciso disposição para abrir uma brecha e não saber. E aprender a não saber para poder avançar é um exercício constante da análise.

Dispositivo grupal

O último ponto da lista — mas nem por isso menos importante — é o dispositivo grupal. Podemos caracterizá-lo, por exemplo, como a equipe de ats. Para que serve o dispositivo grupal?

Em termos de formação, serve principalmente para ser uma referência em uma clínica tão exigente, que nos obriga a colocar o corpo em jogo. Ao mesmo tempo, serve para acolher os dizeres do at. O dispositivo grupal é, por um lado, um lugar de acolhimento e, por outro, mais um recurso para fazer furo e permitir ao at se desfazer em certa medida do seu narcisismo, o que lhe dá condições de acompanhar terapeuticamente, sustentando seu não-saber.

É essa concepção que sustenta a ideia de uma equipe de ats. Fazer parte de uma equipe não significa que a equipe é uma unidade que se completa. Ao contrário, se a equipe forma Um, deixa de cumprir sua função: o at precisa se descompletar e, para isso, precisa falar em nome próprio. O fato de fazer parte de uma equipe não o exime da responsabilidade de dizer em seu próprio nome sobre sua experiência clínica e sobre sua formação.

Os "furos" promovidos em nosso saber pelo dispositivo grupal são importantes, porque, estando sozinhos, a tentação de achar que somos muito sabidos é grande. O dispositivo grupal deve nos permitir sustentar nosso não-saber, o que pode ser muito incômodo, mas também necessário. O dispositivo grupal interroga o at – quando este se deixa interrogar, é claro – de um modo diverso do supervisor e do analista e também oferece outro tipo de referência e sustentação no trabalho.

Todavia, o dispositivo grupal não se reduz nem equivale à equipe de ats. Muitos ats trabalham sozinhos. O dispositivo grupal tem a função de "furar" o narcisismo e o saber do at e, assim, provocá-lo a continuar sua formação interminável. Essa mesma função pode ser exercida por encontros, congressos, coletivos etc. O mais importante é que haja algum dispositivo grupal que cumpra essa função de provocar o furo que faz a formação não se encerrar em uma forma.

Em suma, destaquei os aspectos que considero cruciais para a formação do AT e que, no meu entender, se localizam nos eixos do saber e do não-saber, formando uma constante

Formação do at

interrogação que tem como consequência a produção de saber, que, por sua vez, gera mais interrogações, em articulação com novas experiências clínicas que apontam para novas produções de saber, sempre não-todos.

3 CLÍNICA DO ACOMPANHAMENTO TERAPÊUTICO E INSTITUIÇÕES DE TRATAMENTO DA SAÚDE MENTAL

NORMALMENTE, O ACOMPANHAMENTO TERAPÊUTICO SE FAZ PRESENTE nos serviços da Rede Pública através de convênios de estágio, como estratégia de intervenção na Saúde Mental. A figura do at não existe oficialmente nas portarias e leis mais recentes referentes à Saúde Mental, embora inicialmente tenha aparecido na Portaria SNAS número 189 de 19 de novembro de 1991, desaparecendo pouco tempo depois na Portaria SNAS número 224 de 29 de janeiro de 1992, que versam sobre o funcionamento de Núcleos/Centros de Atenção Psicossocial[1].

Essas ocorrências, o aparecimento e posterior desaparecimento da expressão acompanhamento terapêutico em duas portarias subsequentes, chamam nossa atenção. Do mesmo modo, chama nossa atenção o fato de que, na ausência do acompanhante terapêutico como profissional da rede pública, os estagiários dos cursos de acompanhamento terapêutico sejam frequentemente buscados por equipes de CAPS e outras instituições, como residências terapêuticas, abrigos e hospitais, para realizar trabalhos com determinados pacientes. Entendemos que há nessa busca um reconhecimento da importância do AT, esse que é também um dispositivo da clínica ampliada da Reforma Psiquiátrica, ainda que não faça parte dos quadros de funcionários dos serviços de saúde e de Saúde Mental.

Abordamos aqui a relação, o intercruzamento possível do AT e das instituições de tratamento da saúde mental, tema pertinente na medida em que o at e essas instituições precisam com frequência trabalhar em conjunto.

Precisamos inicialmente definir do que estamos falando ao nos referir às instituições. Do ponto de vista da análise institucional, nos remetemos àquilo que já está instituído. Falamos do instituído e do instituinte; ou seja, daquilo que já está estabelecido, instituído e aceito e daquilo que dialetiza com esse estabelecido, buscando produzir mudança, instituir algo novo, diferente. Esses dois movimentos estão presentes, fazem parte de todas as instituições e de cada uma delas. Retomo os conceitos de instituído e instituinte, mesmo que de forma tão breve e resumida, para que tenhamos em mente que nas instituições essas duas forças estão presentes e fazem com que cada instituição tenha suas próprias questões a resolver. Embora em seus primórdios o AT tivesse assumido a posição de instituinte em relação às instituições de saúde mental já instituídas, atualmente, é possível dizer que, na medida em que há um campo do AT já estabelecido, essa dialética entre instituinte e instituído também está presente.

O AT é um dispositivo radical da Reforma Psiquiátrica, na medida em que aponta para o fora da instituição, onde realiza seu trabalho em geral. Na rua, na casa do acompanhado, em clubes, shoppings, parques, cursos... Nesse sentido, tem em si um grande poder instituinte, pela abertura necessária nesse trabalho.

Se já caminhamos na saúde pública a passos largos rumo à desinternação com a criação e fomento dos Centros de Convivência, Residências Terapêuticas e CAPS (Centro e Atenção Psicossocial), o AT radicaliza a desinternação ao sair para a rua junto ao louco, circular em seu território com ele. Isso faz do at profissional essencial no tratamento da loucura, inclusive e principalmente na saúde pública,

Clínica do acomp. terapêutico e instituições de tratamento da saúde mental

que atende o maior contingente de pessoas em sofrimento psíquico intenso do país.

Tomemos como exemplo os CAPS. Estes serviços, por determinação da Portaria que os define[2], têm funcionamento que busca abranger o território em que se encontram. No entanto, como sabemos, há usuários que, apesar da clara indicação de tratamento, não chegam ao serviço de Saúde Mental, por diferentes motivos. Por outro lado, há usuários que, contrariamente a isso, têm dificuldade em sair do serviço, circular por outros espaços que não a instituição de tratamento. A busca pelo at parece ter relação, frequentemente, com uma avaliação da equipe de Saúde Mental *da importância de que o usuário estabeleça itinerários no laço social.* Itinerários que incluam o próprio serviço, quando ele não está incluído, ou itinerários que levem o usuário para outros locais além do serviço, para praças, parques, ruas etc. Ao mesmo tempo, com relação a uma inclusão ou mudança dos itinerários no laço, é preciso dizer que eles são mero efeito de uma mudança subjetiva – essa sim imprescindível, objetivo primordial do AT. Nesse caso, lançamos mão de um contra-exemplo. Um at é chamado a acompanhar um usuário de CAPS por se tratar de um sujeito há muito estabilizado, mas que passava todo seu tempo dentro da instituição. Assim, uma pessoa da equipe informa a esse usuário que ele teria um at porque "precisava sair um pouco do CAPS". Essa fala é escutada em sua literalidade por esse sujeito, que entende o AT como uma expulsão do serviço. Poucos dias depois, entra em um surto e o AT não pode acontecer conforme combinado. Essa pequena vinheta mostra como muitas vezes a instituição pode ter um papel fundamental na estabilização de um sujeito psicótico e de como uma ameaça à sua aderência à instituição pode ser disruptiva e precisa ser muito bem cuidada.

Aqui, ao invés de ser um possibilitador de novos laços, o at se transforma em ameaça de ruptura da relação dual entre o psicótico e a instituição, nesse caso provavelmente ocupando a posição de Outro que o psicótico completava com sua presença massiva.

A presença do at não deve servir para supostamente completar uma insuficiência institucional. Trata-se de um acréscimo ao tratamento, de um novo profissional que compõe com as equipes dos outros dispositivos de tratamento, potencializando seus efeitos, fazendo rede com outros profissionais e instituições. O AT propõe uma escuta individualizada, bem como a possibilidade de circulação e realização de projetos singulares subjetivamente importantes para o acompanhado. Os tratamentos institucionais em grupo são essenciais para a estabilização dos loucos, para possibilitar laços sociais. Por outro lado, a escuta individualizada que o AT propõe também mostra sua importância, conforme vemos nos casos relatados ao longo desse livro, dando voz a dizeres que muitas vezes, por diferentes motivos, não podem aparecer nos grupos. Uma das razões para isso é a posição do at; não se trata de um profissional da instituição, mas, justamente, alguém "de fora". Essa condição de ser alguém "de fora" oferece ao at condição de escutar coisas diferentes daqueles que fazem parte do cotidiano institucional do usuário no serviço. Mas o que garante o lugar "de fora" do at? Talvez não seja simplesmente que se trate de um profissional de fora da instituição, que não é contratado por ela. Podemos pensar o "de fora" como uma posição, como um certo descolamento da instituição que permite ao at exercer sua escuta sustentado pela ética da escuta do sujeito do inconsciente. Nesse caso, seria indiferente se o at é ou não funcionário da instituição. O que é determinante é muito mais seu percurso de análise e formação e sua possibilidade de não se manter aderido ao discurso institucional.

É comum que escutemos profissionais de CAPS e outras instituições de tratamento da saúde mental dizendo que "fizeram um AT" com um paciente depois de saírem com o usuário da instituição para fazer alguma coisa como resolver uma pendência burocrática do usuário como tirar o RG ou sacar o benefício no banco. A presença cada vez maior do AT no tratamento da loucura traz uma importante questão: o AT é uma formação específica? Ou trata-se de um dispositivo que pode ser apropriado por profissionais das instituições de saúde mental? É possível estabelecer com o psicótico uma transferência que permita a intervenção na instituição, por exemplo, em um grupo terapêutico, e ao mesmo tempo uma transferência que autorize esse mesmo técnico no lugar do at?

Questões que estão longe de ter uma única resposta ou uma resposta simples, o que não significa que não possam ser discutidas. O AT pode ser entendido como um tipo específico de montagem clínica, um dispositivo clínico com características peculiares que permite manejar a transferência e é orientado pela ética da psicanálise na acepção lacaniana. Assim, para que um técnico das instituições possa "fazer um AT", é importante que ele esteja orientado por essas diretrizes. Isso poderá trazer questões relativas, por exemplo, à presença desse mesmo técnico em outros contextos institucionais com aquele determinado usuário com quem fez um AT, de modo que o técnico precisa estar atento e escutar o usuário no que diz respeito aos efeitos de sua presença em contextos diversos na instituição e fora dela. Quando dizemos escutar, dizemos no sentido psicanalítico, que não é igual a ouvir o que alguém fala. Trata-se de escutar o significante, o sujeito do inconsciente. Nesse sentido, é interessante pensar que profissionais dos diversos dispositivos da Saúde Mental, desde que devidamente preparados para isso, possam lançar mão do recurso do AT no tratamento dos usuários dos diferentes serviços.

Mais especificamente no que tange à psicose, lembremos da afirmação de Antonio Quinet sobre o tratamento, ao referir-se ao inconsciente: "No caso da psicose, a via régia do inconsciente é a rua. As loucuras notívagas dos sonhos são vividas na rua em plena luz do dia."[3]. Assim, o AT, com sua característica nômade, norteado pela ética da psicanálise, se configura como um dispositivo interessante de tratamento da psicose, que pode acompanhar o inconsciente a céu aberto do psicótico.

Todavia, essa abertura de possibilidades de exercício do AT precisa ser tomada com cautela e responsabilidade. Fazer um AT não é, por exemplo, ir até o Poupatempo fazer o RG do paciente. Isso pode até se transformar em um AT, mas se definirmos o AT como um trabalho pautado na transferência e na escuta do desejo singular, a partir do qual surge o que chamamos de projeto terapêutico, fazer o RG pode ser apenas isso: um profissional da saúde mental ou outra pessoa que vai junto com um paciente tirar um documento importante para o paciente ou para a família ou para a instituição que cuida desse paciente. Isso pode ser extremamente importante. Mas é uma saída de AT? Para que haja aí um trabalho de AT, isso precisa fazer parte de uma estratégia mais ampla com o acompanhado, que inclua uma ética precisa que norteie as intervenções e o manejo da transferência.

É preciso que haja também o que vou chamar de "desejo de acompanhamento terapêutico", tomando de empréstimo o conceito de desejo do analista, proposto por

Lacan. Desejo de acompanhar terapeuticamente, mesmo sem saber muito bem aonde o AT vai dar. E, caso haja, essa saída para tirar o RG pode ser o início de um AT, uma vez que se entenda que há uma importância no tratamento da loucura em acompanhar as errâncias do louco, inclusive pelas ruas, testemunhar e secretariar o louco em seus delírios, cuja importância para o sujeito somos capazes de suportar, mesmo que não compreendamos uma vírgula sequer de seu delírio. Nessa concepção, o desejo de acompanhamento terapêutico seria apenas uma modificação do desejo do analista que permite ao at não recuar frente à psicose, tal como recomenda Lacan.

A clínica do AT requer uma formação específica por um lado, na medida em que traz questões específicas para aqueles que o fazem, e que ocupam uma posição que não é necessariamente a mesma dos profissionais que trabalham em uma determinada instituição, embora profissionais dessas instituições possam ser e com frequência sejam ats.

Para os ats, além do manejo da transferência, da escuta do sujeito do acompanhado e do desejo de acompanhamento terapêutico, se apresentam questões ligadas, por exemplo, ao enquadre, ao lugar de "entre" do at, um lugar sem-lugar como o do próprio louco, diferente do lugar de quem trabalha em uma instituição e tem um lugar mais "estável", digamos assim. Ao mesmo tempo, a formação do at não pode prescindir de uma formação em Saúde Mental. Ora, não é essa a formação dos profissionais que atuam em nossos serviços de saúde pública?

Pois bem, não podemos esquecer que a Saúde Mental é *uma parte* da formação do at. A outra parte diz respeito a uma escolha de linha teórica que permita ao at se situar em suas errâncias junto ao louco: desde onde vou escutar meu acompanhado? O que vou escutar? É aqui que entram em cena as diferentes abordagens teóricas possíveis para o AT, como fenomenologia, análise do comportamento e psicanálise. A escolha de cada uma dessas linhas como orientador do trabalho do at traz consequências, sem dúvida, pois preconizam sempre um olhar para o acompanhado e para sua situação em detrimento de outros possíveis olhares. E como é impossível olhar por todos os ângulos, é preciso fazer uma escolha.

Para resumir, me parece que há uma importante interface da formação do at e da instituição de saúde mental e uma semelhança entre o at e os profissionais que aí realizam suas clínicas. Por outro lado, há uma especificidade da formação do at que precisa ser levada em conta, que diz respeito principalmente a ser um "de fora" frente à instituição. Essa posição do at permite um olhar e uma escuta diferentes dos institucionais para um determinado paciente. E um olhar diferente pode permitir intervenções diferentes e também um reposicionamento do paciente frente a aspectos de sua vida e talvez frente à própria instituição.

A instituição precisa poder contar com o at, que não pode ser visto pela instituição e por seus membros como um rival ou como um invasor, sob o risco de que seu trabalho não aconteça; ao mesmo tempo, o at precisa sempre lembrar que a instituição, como ele próprio, busca tratar do louco e se empenha nessa tarefa; o at precisa ser visto como um parceiro para a instituição e vice-versa. Só assim será possível trabalhar em conjunto mas com diferenças. Se a tarefa primordial da nossa prática (de ats, de outros profissionais de saúde mental) é trabalhar com a diferença, precisamos aprender a trabalhar também com as nossas próprias diferenças como profissionais da saúde mental. Desafio para todos, talvez tão grande ou maior do que tratar a psicose.

4 CLÍNICA DO ACOMPANHAMENTO TERAPÊUTICO NA ESCOLA[1]

No Brasil e em São Paulo, já há alguns anos, leis garantem a inclusão de crianças com necessidades educacionais especiais em escolas normais. Essas leis geram uma série de consequências, tanto para as escolas quanto para as famílias e para as próprias crianças. Não há como abordá-las todas, então gostaria de começar com algumas perguntas que servirão de norte nesse texto: a inclusão nas escolas pode realmente ocorrer? Qual pode ser a participação do AT no trabalho de inclusão? Pretendo fazer um recorte que aborde a presença do AT na inclusão escolar especificamente com crianças e adolescentes psicóticos e algumas de suas possíveis consequências. Essas interrogações tiveram origem no fato de que tenho recebido um número crescente de pedidos de supervisão de casos de inclusão escolar no decorrer dos últimos anos. A possibilidade de acompanhar esses casos, via supervisão, me mostrou existirem modalidades de intervenção diversas por parte dos ats que buscam supervisão.

Parto aqui da concepção do AT como tática do psicanalista[2], que se orienta pela ética da psicanálise. Essa pode ser traduzida como ética do desejo do sujeito do inconsciente. É bom lembrar que quando nos referimos à psicose, não podemos a rigor falar em desejo. Ainda assim, tomamos o sujeito psicótico em sua singularidade, o que implica a presença da ética da psicanálise como ética que visa fazer advir o sujeito do inconsciente – no caso do psicótico, um sujeito não barrado.

Para efeitos didáticos, dividirei em duas as possibilidades de intervenção do at tomando a teoria psicanalítica como referência. Essa divisão se pauta em uma diferença de posicionamento ético que terá consequências no trabalho. Em uma delas, o acompanhante terapêutico pode funcionar como uma intervenção mais ou menos pontual que problematiza e sustenta a presença de uma criança com diagnóstico de psicose na escola – e aqui também estão incluídos os chamados autismos. Na outra, o at pode ser convocado a tamponar uma falta institucional ligada à presença de uma criança psicótica na sala de aula, minimizando ou tornando inócua essa presença e seus efeitos disruptivos tanto na sala quanto na escola de forma mais geral.

Nesse último caso, podemos dizer que o AT trabalha na direção oposta da política da falta-a-ser proposta por Lacan, que é correlata à ética da psicanálise. Aqui, ele responde desde uma posição fálica, completando a escola e velando uma falta institucional. Trocando em miúdos, o at nesse caso funciona como um anteparo entre a escola e a criança ou adolescente psicótico, de modo a evitar que surjam conflitos e desconforto entre eles que inevitavelmente surgiriam devido às diferentes questões que essa criança ou adolescente traz.

Não é nessa direção da ortopedia que aponta nossa aposta, mas em outra. O at pode funcionar como alguém que opera a possibilidade de interrogação, de diálogo entre o psicótico e a escola: os colegas, professores, funcionários. Isso não significa que é o at o responsável por resolver os desconfortos que a presença do psicótico podem causar, mas sim por nomear esses desconfortos e problematizar suas soluções, sustentando assim a possibilidade de que os agentes da escola busquem soluções para os conflitos que eventualmente surjam. Isso significa que a transferência a

Clínica do acompanhamento terapêutico na escola

ser manejada não será apenas a do sujeito psicótico que o at acompanha, mas também as transferências dos diversos agentes institucionais. Só assim o at poderá sustentar a possibilidade de que esses agentes proponham saídas para as dificuldades que se apresentem.

At e inclusão

Pois bem, dada a ética da Psicanálise como norte para o AT, que se configuraria então como tática da Psicanálise, como o acompanhante terapêutico pode operar nas escolas, no trabalho de inclusão?

Antes de tudo, é bom lembrar para o que o termo inclusão pode apontar. Como destaca Voltolini, facilmente "inclusão marca mais uma palavra de ordem do que um conceito que circunscreve um campo"[3]. Em uma sociedade na qual a inclusão se transformou em lei, é corriqueiro que seja transformada em *slogan* e que a palavra de ordem suplante a liberdade de avaliação daquilo que deve ser incluído e de como pode se dar a inclusão. Como evitar que a inclusão se transforme em injunção, tanto para aquele que deveria ser incluído quanto para a escola e seus agentes?

No que diz respeito à psicose, não podemos esquecer que a exclusão é estrutural. Em outras palavras, uma vez que houve a foraclusão do Nome-do-Pai, ocorrência que determina a estrutura psicótica, o sujeito psicótico está fora do laço social. Está na linguagem, mas fora do discurso. A foraclusão do significante Nome-do-pai é o mesmo que a foraclusão do significante da castração do Outro. O Nome--do-Pai adviria como resultado da passagem pelo Édipo e sua não ocorrência determina que o psicótico está fora da norma fálica, que organiza os sujeitos neuróticos no laço social. Soma-se a isso a tendência do laço social em excluir esse sujeito que causa muitas vezes horror ao exibir seu inconsciente a céu aberto, que o leva a proferir ditos e realizar atos que podem fazer com que os demais se afastem. É comum que os psicóticos revelem e insistam justamente naquilo que os neuróticos não querem saber e que é da ordem do saber inconsciente recalcado na neurose. De forma sucinta, podemos dizer que vem daí a tendência das sociedades regidas pelos ideais neuróticos em excluir os psicóticos de seu convívio. Em suma, na exclusão do psicótico, junta-se a fome com a vontade de comer, exclusão estrutural do psicótico, que se retira do laço social dada a foraclusão do Nome-do-Pai e exclusão do psicótico por parte do laço social que tem horror ao seu inconsciente escancarado.

Por outro lado, há a aposta de que a inclusão pode beneficiar tanto ao psicótico, que poderia buscar então uma forma possível de enlaçamento social através da escola, quanto às demais crianças, que poderiam ser provocadas em seu interesse pela diferença ao se depararem com o desafio de alguma forma de inclusão do psicótico. A própria escola pode, através da inclusão, colocar em xeque vícios institucionais que a presença da criança ou adolescente psicótico denuncia, repensar suas práticas a partir das questões colocadas pela inclusão.

Pois bem, uma vez que saibamos da tendência à exclusão por um lado e da importância da inclusão por outro, quem define o que é desejável e mesmo possível incluir?

Sem dúvida, isso deve passar pela escuta da singularidade de cada sujeito acompanhado. Não é possível incluir todos os psicóticos da mesma forma. Caso o fizéssemos, a inclusão seria, uma vez mais, um modo de apagamento da diferença do psicótico. E nesse caso, supostamente o maior interessado na inclusão, o sujeito psicótico, ficaria justamente de fora frente à obrigação de ser incluído desta ou daquela forma já determinadas de antemão. A inclusão será sempre

Clínica do acompanhamento terapêutico na escola

parcial, uma vez que estamos nos referindo a uma estrutura exterior à norma fálica. Que laço será possível é uma questão individual, que dependerá do sujeito de que se trata e da escola em questão. Seja como for, não é possível esperar do sujeito psicótico que ele seja um aluno exemplar nos parâmetros escolares neuróticos. Nem mesmo que consiga coisas que todos consideram o mínimo necessário para o desempenho de um aluno, como permanecer dentro da sala de aula durante todo o período letivo ou realizar as mesmas atividades que as outras crianças. Isso não significa a ausência de talentos e possibilidades da criança psicótica, mas sim a importância de se abrir mão, no que tange à psicose, de ter como crivo de avaliação o ideário neurótico e seus parâmetros.

Nesse ponto, como anunciei pouco antes, podemos pensar em duas maneiras diferentes e até opostas do at estar presente na escola.

Em uma delas, o at problematiza a presença de um sujeito psicótico na escola com suas intervenções. Me parece que é o que ocorre em um caso que supervisionei de uma criança de 8 anos de idade na escola pública que só fazia contato com seus colegas de classe empurrando e batendo neles. A intervenção da at foi capaz de permitir às crianças interrogar a ação, ao invés de apenas se afastar da criança ou bater de volta, que era a prática corrente dos colegas. A partir da intervenção da at, bater e o empurrar passaram a ser entendidos como pedidos de aproximação e as crianças se esforçavam por propor outras maneiras de fazê-lo que lhes fossem mais aceitáveis, o que teve efeitos interessantes. A criança psicótica, por sua vez, passou a apelar para um outro tipo de contato corporal, como abraçar as outras crianças, bem como a verbalizações eventuais.

Em uma outra situação, o at é chamado a acompanhar uma criança durante toda sua permanência na escola ao longo da semana. A escola pedia que o at acompanhasse a parte pedagógica e estivesse sempre ao seu lado, garantindo que as lições e provas fossem realizadas. Com o passar do tempo, sua presença maciça junto do acompanhado provocou um curto-circuito que o obrigou a repensar sua presença e seu modo de intervenção. A exigência inicial da escola de que o at garantisse a realização das tarefas começou a causar muita raiva no acompanhado, dirigida a ele. Ele entendia que o at lhe obrigava a fazer algo que não queria e não lhe fazia sentido algum. O at passou a ocupar para esse pré-adolescente a posição de um Outro terrível que, do mesmo modo que a escola e a mãe, exigia que ele estudasse e fizesse lições, independentemente dessas tarefas em geral não terem para ele nenhum sentido a não ser satisfazer sua mãe, que fazia questão que o filho "passasse de ano com boas notas". Na medida em que o at conseguiu se despojar desse lugar de emissário da mãe e da escola, através de reuniões com ambas e de um reposicionamento, foi possível construir um lugar para esse menino na escola que incluísse minimamente seus interesses. Nessas reuniões, o at foi capaz de problematizar as exigências feitas ao menino, que o deixavam muito nervoso, e estas foram até certo ponto repensadas.

Ainda que o at possa aceitar uma demanda como essa, de AT em tempo integral na escola, há que se perguntar se e de que modo é possível realizar uma intervenção de AT tal como propomos aqui, que inclua a escuta do sujeito, no contexto de presença constante, pedido que não é raro. Sem saber como empreender a famigerada inclusão, a escola com alguma frequência, busca contratar ou indicar que a família da criança contrate um profissional que supostamente saberia como incluir e como lidar com a criança psicótica. No entanto, aceitar esse pedido sem interrogá-lo é correr o risco de realizar um tamponamento do não-saber

Clínica do acompanhamento terapêutico na escola

institucional e da própria condição da psicose de estar fora do laço. Tamponamento que se daria pela adesão ao discurso do mestre ou do universitário e não pelo discurso do analista: o at seria um especialista contratado que saberia sobre o psicótico, sem que a escola precisasse se deparar com seu não saber, sua falta. Lembremos que, no discurso do mestre, a verdade do sujeito do inconsciente é justamente o que está barrado, ou seja, trata-se de um discurso que não quer saber do inconsciente. No discurso do universitário, há a produção de um saber, mas não há sujeito.

Se o at é aquele que se dedica exclusivamente à inclusão da criança psicótica, ele pode facilmente desobrigar todos os outros a se depararem com os desafios que sua presença acarreta: professores, colegas, coordenação, direção, funcionários não precisam se ocupar com esse estranho no ninho, já que o at está aí justamente para isso. Essa me parece ser a maior armadilha do AT na escola: o at como prestador de serviço. Se há alguém contratado e pago para se ocupar exclusivamente de uma criança psicótica, é possível que não haja inclusão, mas sim exclusão desde o lado de dentro, que nada mais é do que replicar a exclusão do psicótico do laço social, ainda que ele esteja todos os dias na escola. Por essa via, a criança psicótica e a inclusão não colocam questões e desafios para os outros agentes da escola. Se faz uma dupla indissociável com o psicótico, se o acompanha de perto para todo lado na escola como uma sombra, o at só reproduz a posição de Outro que o psicótico vem completar, em uma posição de assujeitamento. Assim, não permite que a criança tenha oportunidades de se haver com as solicitações e propostas de outros agentes da escola e que tenha, assim, a possibilidade de responder e até mesmo se reposicionar a partir do incômodo que gera nos outros com sua esquisitice.

Não é raro que no AT acolhamos pedidos variados e trabalhemos a partir deles. O pedido de AT por todo o período letivo para uma criança não é exceção. Entretanto, cabe pensar de que modo o at pode se posicionar para não cair na armadilha de, com sua presença, apenas manter a exclusão. Intervir a partir da política da falta-a-ser é uma maneira de não se deixar levar pelo engodo do at como aquele que garante o bem-estar de todos se desdobrando para que a falta não apareça. Retirar-se da cena, mesmo que esteja na sala de aula; propor perguntas sem respondê-las aos diversos agentes da escola, abrindo um hiato; mediar situações sem se identificar totalmente seja com o acompanhado seja com a instituição podem ser formas de colocar a castração como motor da inclusão e assim construir uma presença menos maciça que aponte inclusive na direção da possível ausência do at no futuro. Foi nessa direção que o at da vinheta clínica acima trabalhou, permitindo que outros fossem convocados, à medida em que não mais permanecia todo o tempo ao lado do adolescente que acompanhava, à medida em que abria espaço, ausentando-se de determinadas situações.

É possível dizer que, embora se trate do acompanhamento terapêutico de um sujeito, o profissional at precisa se posicionar em um "entre" que permita ao seu acompanhado e aos outros agentes da escola lidarem com as questões que emergem, eventualmente mediando as questões, mas não as resolvendo no lugar do sujeito ou da escola.

A inclusão, na escala que vem sendo feita, é recente e realizá-la não é tarefa simples. É nesse sentido que cabe, por um lado, reconhecer os esforços daqueles que pensam e buscam realizar a inclusão lançando mão para isso de diferentes figuras, como acompanhante pedagógico, tutor ou acompanhante terapêutico. Todavia, é importante por outro

Clínica do acompanhamento terapêutico na escola

lado delimitar o que define cada uma dessas figuras e o que poderia fazer o acompanhante terapêutico nos ditos casos de inclusão.

O AT, tal como proponho aqui, está norteado pela escuta do sujeito. Portanto, abordar o conteúdo curricular não pode ser o objetivo principal em seu trabalho e talvez haja mesmo situações em que esse conteúdo seja totalmente externo ao trabalho do at. Do mesmo modo, o at não pode ter como meta que seu acompanhado se comporte bem na sala de aula. O primeiro desses talvez seja o ponto que diferencia o at dos outros dois profissionais aqui referidos, o tutor e o acompanhante pedagógico: embora possa em certas situações auxiliar com lições e tarefas escolares em geral, isso só deveria ocorrer na medida em que tal auxílio estivesse subordinado à direção do tratamento, que é indicada pela ética da escuta do sujeito do inconsciente.

Por outro lado, não podemos esquecer que a inclusão da psicose sempre irá se deparar com obstáculos. O desafio não é que o sujeito psicótico seja plenamente incluído na escola, até porque a psicose, com sua singularidade de formas de gozo, com seus delírios, faz barra à inclusão. Por outro lado, como já dissemos, o laço social faz barra à psicose em certa medida. A ética da Psicanálise como política da falta-a-ser aponta para uma inclusão não-toda que permita o enlaçamento possível e não a inclusão ideal.

5 A QUESTÃO DO DIAGNÓSTICO ESTRUTURAL

Ao tomarmos como referência a psicanálise de Freud a Lacan, a questão do diagnóstico estrutural tem um lugar importante quando nos propomos a tratar um sujeito, na medida em que as intervenções e o manejo da transferência serão diferentes conforme o diagnóstico. Por exemplo, em um caso de neurose, a depender do momento da análise, posso questionar, no sentido de desmontar a versão que um neurótico traz de seu sucesso ou seu fracasso em determinado campo. No entanto, essa poderia ser uma intervenção arriscada no caso de um psicótico que, com a desarticulação do registro imaginário, conseguisse uma certa restituição através de um delírio de sucesso ou de fracasso. O trabalho delirante do sujeito psicótico é importante na medida em que pode cerzir o furo que se abriu entre ele e a realidade, como nos ensina Freud. Questionar sua construção pode pôr a perder aquilo que ele erigiu ou então colocar em risco a transferência – e consequentemente o tratamento.

Ao receber um analisante no consultório, ao longo do que chamamos entrevistas preliminares, levantamos uma hipótese diagnóstica. Essa hipótese é muito importante, pois será a partir dela que vamos intervir. Mesmo depois de levantar tal hipótese, o analista precisa estar atento aos efeitos de suas intervenções, para confirmar ou não sua hipótese e assim corrigir a rota da direção do tratamento caso seja necessário. No caso do acompanhamento terapêutico, não é diferente. O diagnóstico não é um rótulo ou uma prisão para um sujeito; trata-se de um elemento essencial de qualquer clínica que se denomine como tal.

Afinal, o que é uma clínica? Essa questão pode ser respondida de modo sucinto ou de modo detalhado. Para aqueles que quiserem saber detalhes, indicamos outros textos[1].

De modo sucinto, dizemos que para que se possa caracterizar a clínica moderna ela precisa ser estruturada por quatro elementos: etiologia, semiologia, diagnóstica e terapêutica[2]. Resumidamente, a etiologia é o estudo das origens das doenças, aquilo que as causa. A semiologia refere-se aos diversos sinais, traços, sintomas que são característicos de uma determinada entidade nosológica e como tais elementos são referidos na linguagem. A diagnóstica se apoia na semiologia para assim classificar a doença associada a essa semiologia e, por fim, a terapêutica é o tratamento da doença diagnosticada, levando em conta seus traços, sinais e sintomas.

Esses quatro elementos devem estar presentes, ser homogêneos e covariantes para que se possa falar de uma clínica[3]. Ou seja, na medida em que um desses elementos se altere, os outros sofrerão também modificações. A homogeneidade implica que, no caso de um diagnóstico que incide sobre um elemento material, por exemplo, uma gripe, o tratamento proposto (terapêutica) seja de intervenções no corpo. Seria incoerente se, frente a uma gripe, a terapêutica proposta fosse, por exemplo, que o sujeito rezasse. Já a covariância implica que uma mudança em um dos elementos desse quarteto cause também uma modificação nos demais elementos. Por exemplo, etiologias diversas devem corresponder a semiologias diferentes. Devem afetar os diagnósticos, mas também as propostas terapêuticas.

A questão do diagnóstico estrutural

Usemos a psicanálise como exemplo. Freud propôs que a etiologia da histeria era sexual, desde uma concepção psicanalítica de sexualidade, que implica tudo aquilo que causa prazer e também o que satisfaz a pulsão. Lembremos que nem tudo que satisfaz a pulsão provoca prazer, mas aqui também temos uma manifestação da sexualidade tal como definida pela psicanálise, ou seja, atravessada pela linguagem. As manifestações semiológicas da histeria passavam por inúmeros sintomas e traços, como paralisia de membros, dores, irritabilidade e outros. A partir desses sintomas e traços a histeria era diagnosticada. Na medida em que a etiologia da histeria é sexual no sentido psicanalítico, isso implica que ela é um fenômeno da linguagem (podemos dizer que a pulsão é manifestação da linguagem no corpo). Assim a terapêutica proposta é um tratamento na linguagem, ou seja a cura pela fala proposta por Freud como tratamento na linguagem.

Desde Foucault, Dunker afirmará que especificamente, a clínica psicanalítica, enquanto clínica, se caracteriza por colocar a *escuta* em jogo, diferente do que encontramos na clínica médica, na qual há uma prevalência do *olhar*. Nesse sentido, Dunker dirá que a psicanálise é "uma clínica híbrida entre o olhar e a escuta"[4]. Ainda quando se tratava da hipnose, quando a psicanálise engatinhava, era essa a função do olhar, que visava fazer aparecer as recordações, associações, memórias – em uma palavra, a fala, correlato da escuta, para além do olhar. O divã pode ser tomado como símbolo dessa passagem do olhar à escuta, sendo também instrumento de corte do olhar[5].

Essa passagem do olhar à escuta aponta para uma subversão implicada na clínica psicanalítica, que "submete sua estrutura a seus próprios pressupostos"[6], mas uma subversão que preserva a estrutura da clínica, no sentido

CLÍNICA DO ACOMPANHAMENTO TERAPÊUTICO E PSICANÁLISE

de garantir a existência articulada de semiologia, etiologia, diagnóstica e terapêutica como sustentáculos da clínica psicanalítica. Por isso, o autor dirá, a partir de sua discussão desses pontos, "que a psicanálise é uma clínica, pois obedece ao princípio de homogeneidade e covariância entre seus elementos constitutivos"[7].

E o acompanhamento terapêutico? Podemos dizer que se trata de uma clínica? Há aqui muitos pontos a serem esclarecidos. Se partirmos da ideia de que o acompanhamento terapêutico é uma tática do psicanalista, os mesmos elementos que fazem da psicanálise uma clínica seriam também candidatos a nos permitir sustentar o acompanhamento terapêutico como clínica. Lembremos que a psicanálise é um tratamento pela fala. Ela só pode funcionar se entendemos que os acometimentos dos sujeitos de quem tratamos são também questões de linguagem. Por exemplo, se o sintoma conversivo da histérica – uma paralisia em um dos membros – é a expressão metafórica de uma ideia sexual insuportável que sofreu recalque. Ou se o delírio do psicótico é fruto da posição do sujeito em relação ao Outro da linguagem.

Ao falar em diagnóstico, também é importante deixar claro a que tipo de diagnóstico estamos nos referindo. Embora historicamente tenha havido um certo diálogo entre psiquiatria e psicanálise, os diagnósticos realizados por cada uma dessas áreas de saber são muito diferentes, assim como suas propostas de tratamento. O surgimento dos manuais de psiquiatria demonstra um esforço classificatório que, na tentativa de universalizar os diagnósticos, se pauta no comportamento e nos sintomas observáveis, o que afasta a psiquiatria da psicanálise. Enquanto a psiquiatria se serve de manuais como o CID (Classificação Internacional de Doenças) e o DSM (sigla em inglês do Manual Diagnóstico

A questão do diagnóstico estrutural

e Estatístico de Transtornos Mentais), a psicanálise realiza diagnósticos estruturais. Em relação ao DSM, podemos dizer que faz um esforço de criar um sistema de classificação isento de sistemas teóricos[8]. Nas palavras de Dunker e Kyrillos Neto,

> O DSM procura constituir-se num sistema classificatório fidedigno dos padecimentos psíquicos e não possui a pretensão de ser uma psicopatologia. Sua racionalidade está organizada em torno da busca de categorias confiáveis, provisórias e operacionais que permitam a superação de mal-entendidos terminológicos no terreno da psicopatologia. Seu critério de objetivo está alicerçado na descrição formal do plano empírico dos fatos clínicos.
>
> Porém, Pereira (1996) aponta críticas ao caráter falsamente ateórico do DSM e de adesão implícita às teses empiristas. O "compromisso prático" do DSM obriga pesquisadores a abandonar os conceitos teóricos próprios de seus campos específicos de saber com uma consequência direta: a incapacidade do progresso das disciplinas científicas que compõem o campo da psicopatologia devido à inaptidão das mesmas por constituírem teórica e formalmente seus objetos e métodos próprios. Os compromissos com o pragmatismo certamente resultam em um enfraquecimento de cada ciência.[9]

Diferente da psiquiatria, que busca então se amparar no empirismo, a psicanálise se configura como uma clínica do sujeito, que parte de uma teoria específica, que toma como centro as questões da linguagem. Assim sendo, os diagnósticos se pautam no modo como um determinado sujeito se constituiu a partir da castração e em sua posição na linguagem.

Para que possamos levantar uma hipótese diagnóstica, a partir da qual trabalharemos com um determinado acompanhado, é importante entender como se constitui o sujeito, o que discutiremos no capítulo "Constituição do sujeito: neurose e psicose". Por outro lado, a constituição do sujeito está intimamente ligada à constituição do eu, como veremos.

6 NARCISISMO E CONSTITUIÇÃO DO EU

O TEMA DESSE CAPÍTULO É NARCISISMO E CONSTITUIÇÃO DO EU. CADA um destes termos implica o outro, mas são diferentes. O narcisismo é um conceito freudiano fundamental para a compreensão não apenas do eu como também da psicose – até o momento em que começa a conceituar o narcisismo, em 1914, a obra de Freud estava concentrada nas neuroses e, em pequena parte, nas perversões. A discussão freudiana sobre o narcisismo abre um novo espaço para o estudo das psicoses na psicanálise. Já a constituição do eu está ligada ao estádio do espelho, que é a teorização lacaniana sobre a passagem do autoerotismo para o narcisismo.

É importante notar que a constituição do eu se articula com a constituição do sujeito, há uma relação lógica entre ambas. Podemos dizer que a constituição do eu funda também a instância psíquica do imaginário, ao passo que a constituição do sujeito está relacionada mais diretamente à passagem pelo Édipo e à constituição da instância psíquica do simbólico na medida em que é correlata à instauração do Nome-do-Pai, sobre o qual falaremos no próximo capítulo.

É importante abordar o narcisismo e o estádio do espelho, bem como a questão da constituição do sujeito na medida em que esses contribuem com elementos para nossa hipótese diagnóstica em cada caso e, consequentemente, na condução clínica dos casos de acompanhamento terapêutico.

Do instinto à pulsão

O homem, à medida em que entra na cultura, sai da natureza. Freud utilizou o mito da horda primeva em *Totem e Tabu*[1] para se referir a essa passagem do humano da natureza à cultura. Nesse texto, Freud descreve um grupo de homens no qual o mais forte deles dominava todos os outros. Por essa razão, ele tinha acesso às maiores e melhores porções de alimento e à todas as fêmeas. Tratava-se, portanto, de um grupo regido puramente pela força bruta, em um momento anterior à existência da linguagem e da cultura. Em um determinado momento, os outros homens se unem, assassinam o mais forte deles – aquele que chamamos de pai da horda – e comem seus despojos em uma refeição totêmica. A culpa e o receio de que a situação se repetisse, com um dos homens tiranizando todos os outros, faz com que esses homens tomem o pai da horda assassinado como totem e estabeleçam um pacto civilizatório que vem substituir a força bruta.

Embora não se saiba se foi exatamente assim que aconteceu, trata-se de um mito de origem, ou seja, um mito que guarda em si os principais elementos estruturais do que efetivamente ocorreu. Essa passagem da força bruta para um grupo regido pela lei totêmica é correlata à saída da natureza e à entrada na cultura. Significa também uma mudança naquilo que chamamos de instinto. Se enquanto vivia na natureza o homem se norteava por seus instintos, a partir da entrada na cultura, abordada no mito freudiano de *Totem e Tabu*, o homem perderá seus instintos e passará a funcionar a partir das pulsões.

A pulsão é, ao lado do inconsciente, da repetição e da transferência, um dos quatro conceitos fundamentais da psicanálise, segundo Lacan[2]. Quando nasce, o bebê nada

Narcisismo e constituição do eu

mais é do que um pedaço de carne dotado de alguns reflexos. Não existe um eu desde sempre; ele precisa se constituir. Essa constituição do eu se dá às expensas do narcisismo – que, por sua vez, se dá a partir do investimento pulsional. Ou seja, para entender o narcisismo é preciso antes de tudo abordar o conceito de pulsão.

Freud define a pulsão como um conceito fronteiriço entre o psíquico e o somático. A pulsão é um representante psíquico dos estímulos que provêm do interior do corpo e alcançam a mente, como uma medida de exigência de trabalho imposta à mente como consequência de sua ligação com o corporal[3]. A pulsão é um conceito específico da psicanálise, que foi formulado por Freud a partir de suas observações da sexualidade humana, que sempre se mostra errática, diversa e não adaptada. Essas características – que se expressam em atitudes diversas, como por exemplo as escolhas de objeto variadas ou o sexo sem finalidade de reprodução – são o melhor indício da inexistência do instinto no que diz respeito à sexualidade do ser humano.

Em português há uma questão importante de tradução. A palavra alemã *Trieb* foi traduzida por muito tempo como instinto. No entanto, essa escolha de tradução é bastante discutível, principalmente porque pode induzir o leitor a erro. Quando fala da *Trieb*, Freud não está se referindo ao instinto, na acepção que explicitamos no quadro abaixo. *Trieb* pode ser traduzida por impulso. *Trieben* seria a ação de impelir. A tradução por "instinto" denota uma opção pela medicalização e pela psicologização da psicanálise[4].

Freud enunciará as quatro vicissitudes da pulsão: 1) a pressão, que é constante; 2) o alvo, que será sempre a satisfação; 3) o objeto, que é o que há de mais contingente na pulsão; 4) a fonte, que é somática, ou seja, é o corpo.

Como dissemos há pouco, a pulsão é o que há na fronteira entre o somático e o psíquico. Freud fala da origem da pulsão no instinto, pensado como um substrato biológico que depois será abandonado. Exemplifica falando da primeira mamada do bebê; apoiada nesta necessidade biológica de nutrição, surgirá o registro pulsional; a segunda mamada e todas as que vierem depois já não têm relação estritamente com a necessidade, mas sim com algo da ordem do prazer e, portanto, do pulsional. A segunda mamada e as seguintes têm a ver com a marca da experiência de satisfação que se imprimiu neste bebê na primeira experiência de amamentação, satisfação ligada ao alívio da tensão trazida pela fome, ao conforto trazido pela saciedade, ao calor do corpo daquele que tomou o bebê para amamentá--lo etc.

Assim, para Freud, a pulsão surge apoiada no corpo biológico, mas se separa, se descola dele e se torna independente. A psicanálise está preocupada com os destinos da pulsão e não com suas origens, que estão, estas sim, no corpo biológico. Quem quiser saber mais sobre a libido, pode consultar algum bom dicionário de psicanálise ou ler *A pulsão e suas vicissitudes*, texto freudiano de 1915. Aqui, vamos traçar um quadro esquemático que mostre as diferenças entre instinto e pulsão.

INSTINTO	PULSÃO
Inato	Não inata/Constituída a partir do Outro
Objeto específico	Objeto qualquer
Satisfação completa	Satisfação sempre parcial
Cíclico/Cessa uma vez satisfeito	Constante /Não cessa (pressão constante)

Essas diferenças tem inúmeras consequências. Pensemos nos animais selvagens, que são guiados por seus instintos. Quando têm fome, eles buscam alimentos que são instintivamente determinados; uma vez que os encontram e ingerem, a pressão que os fez buscar alimento cessa, já que o instinto foi satisfeito. Assim, param de buscar alimento. Podemos dizer, portanto, que os animais se alimentam porque têm fome e, instintivamente, sabem que precisam comer para que a fome cesse. Também sabem qual é o objeto específico que devem buscar, que saciará sua fome. O mesmo ocorre com o cio dos animais, que é cíclico. Fora do cio ou de determinados estímulos e sinais bastante específicos, os animais não buscam a cópula.

Já o homem pode comer ou não comer para satisfazer a sua fome. Pode comer mais do que o seu corpo precisa, pode comer menos do que o seu corpo precisa. Pode comer feijoada, massa, churrasco e uma infinidade de outros alimentos sem nenhum valor nutricional. É o que atestam, por exemplo, os casos de obesidade e anorexia ou bulimia. Ou seja, o homem não come pela necessidade de nutrição e nem mesmo para matar a fome. Come para satisfazer suas pulsões, come por prazer. É por essa razão que os homens procuram determinados tipos de alimento e não outros e é por essa razão que a alimentação do homem varia tanto de acordo com elementos culturais, regionais ou mesmo familiares e pessoais. Por exemplo, existem pessoas que não comem determinados tipos de alimentos, como frutos do mar ou carne. Outros não comem legumes.

Com relação ao sexo, na acepção popular, se passa o mesmo. O homem não faz sexo apenas com fins reprodutivos, como ocorre com os animais selvagens. Faz sexo porque isso lhe traz satisfação. Por essa mesma razão, o objeto sexual é muito variável. Embora seja definido para um determinado sujeito, não o é para o homem em geral. É o que nos mostram as diferentes escolhas de objeto: homossexual, heterossexual e bissexual, por exemplo. As escolhas de um sujeito possivelmente não vão variar ao longo de sua vida, mas variam muito de um sujeito para outro.

Pulsão e sexualidade

A definição freudiana de sexualidade é bem mais ampla do que a definição leiga, que inclui apenas a sexualidade genital. Ela inclui tudo aquilo que é da ordem da satisfação da pulsão e que, como tal, gera prazer, em suas variadas vertentes. Assim, aquilo que tange, por exemplo, à alimentação e à satisfação a ela vinculada, é de ordem sexual para a psicanálise, já que implica a satisfação da pulsão pela via oral.

Em 1905, Freud escreve um artigo no qual questiona a definição estrita então vigente da sexualidade: relação sexual genital entre dois parceiros de sexo oposto com fins reprodutivos. Freud entende que o psiquismo humano é regido por um princípio, que vai chamar princípio de prazer. O prazer estaria associado a uma descarga de tensão que traria satisfação. A sexualidade seria regida por esse princípio. A sexualidade humana, portanto, não busca finalidades biológicas; busca, isso sim, obter prazer e evitar o desprazer. A descoberta freudiana do princípio de prazer bem como da pulsão permitiram a Freud questionar a fronteira entre o normal e o patológico quando o assunto era sexualidade. Ele explicita que a sexualidade, uma vez que é tributária das pulsões, é infantil, perversa e polimorfa. A descoberta freudiana abre caminho para o questionamento da ideia, vigente até os dias de hoje em alguns casos, de que haveria uma normalidade quando o assunto é sexualidade.

Narcisismo e constituição do eu

Alguns dos chamados pós-freudianos fizeram uma tentativa de fazer coincidir a sexualidade com a relação genital, tomando o chamado amor genital como ideal da análise. Com isso, realizaram uma assimilação da pulsão ao instinto, ou seja, abandonaram as orientações freudianas que nos permitem distinguir instinto e pulsão na tentativa de normatizar o prazer. No entanto, se a psicanálise é uma cura pela fala, orientada pela ética do desejo, a normatização, seja ela qual for, é contrário à ética da psicanálise. Daí a importância, mais uma vez, em diferenciar instinto e pulsão, pois a pulsão é fora da norma, é anormal por excelência e não pode se encaixar em um ideal de sexualidade, como, por exemplo, a sexualidade genital heterossexual com fins de procriação.

Libido e autoerotismo

Para avançar no conceito de narcisismo, é preciso também abordar a libido. Este conceito evoluiu e se modificou dentro da obra freudiana. Aqui trabalharemos com uma definição simples. Libido, que significa em latim vontade, desejo, se relaciona à parcela quantitativa das pulsões que se refere a tudo que podemos entender sob o nome de amor. É a manifestação psíquica da excitação sexual somática. É a energia da pulsão sexual. Sexual aqui no sentido freudiano, ou seja, não estamos falando estritamente de sexualidade genital. É muito comum esta confusão, de entender o sexual ao qual Freud se refere com a genitalidade. Daí ser comum ouvirmos coisas como "Freud só fala em sexo". Isso é verdade, mas para a psicanálise, o sexual está muito além da relação sexual ou da sexualidade genital, é muito mais amplo do que isso, já que envolve tudo aquilo que pode gerar satisfação e prazer. A libido pode ser entendida como uma das formas da pulsão.

Haveria um período na vida de um eu em vias de se constituir que seria logicamente anterior ao narcisismo: tratar-se-ia da fase do autoerotismo. Nesta fase precoce, não haveria ainda um eu. Portanto, não haveria uma diferenciação eu/outro. O eu não existe desde o início, não é dado biologicamente, precisa ser criado. Na fase do autoerotismo, predomina o funcionamento fragmentário, o prazer de órgão, as sensações dispersas, não há ainda uma representação unificada do eu, a única qualidade organizadora é a do prazer-desprazer. Nessa fase, há a introjeção do que é prazeroso e a expulsão do que é desprazeroso, sem haver um limite claro entre o interno e o externo. Aqui, a única qualidade do externo é desprazeroso; o interno coincide com o prazeroso; esse é o primeiro rudimento de separação dentro/fora, mas esta separação ainda não foi estabelecida. Não havendo prazer, se expulsa não só o objeto, mas também a própria zona corporal. O corpo, enquanto produtor de tensões, pode ser objeto de destruição, fragmentação. Se o prazer predomina, as zonas erógenas são investidas com libido narcisista. Se há um predomínio de prazer, a zona erógena será investida. Se houver desprazer, será aniquilada. Esta possibilidade de introjeção de prazer é condição para a passagem do autoerotismo para o narcisismo.

Para que aconteça essa passagem, é necessária uma "nova ação psíquica", que é a unificação da imagem de si. Como ocorre essa unificação? Para formar uma primeira representação de eu e poder tomar a si mesmo como objeto de amor, o indivíduo precisa ser capaz de transportar para si a qualidade da relação erótica mantida com o primeiro objeto libidinalmente investido. Esta é uma contribuição original da psicanálise (que nos foi mostrada por Freud, elucidada por Lacan – ainda que mais tarde esse último a abandone):

Narcisismo e constituição do eu

entender que a constituição do eu é intersubjetiva – ou seja, para que ocorra, é preciso um outro e que esse outro invista libidinalmente no bebê. Podemos chamar essa possibilidade de investimento de função materna. Esta função inclui poder investir libidinalmente no bebê como um outro separado dela, ou seja, a mãe precisa ter uma representação desse bebê que não seja como parte dela mesma – a mãe ou quem exercer a função materna, que não precisa necessariamente ser a mãe.

Para que os pais possam investir na criança, sua ilusão narcisista precisa existir, ou seja, a ideia de que a criança possa restituir seu narcisismo perdido. A criança é para os pais a atualização de seu próprio eu ideal. Ou seja, os pais revivem através dos filhos o momento em que eles próprios coincidiam com o ideal, essa instância do eu investida de toda a libido por guardar em si todas as boas qualidades. Eles precisaram abrir mão desse ideal neles mesmos, por exigências variadas da vida e do Outro, mas precisam acreditar que com a criança tudo será diferente. Ela não passará pelas mesmas privações que eles passaram, encarnará toda a perfeição e realizará os desejos não realizados dos pais. Toda essa ilusão é necessária para que se constitua o que chamamos narcisismo primário. O narcisismo primário da criança é resultado do narcisismo dos pais investido nela.

A primeira representação unificada que o sujeito tem de si, a partir desse investimento de libido dos pais que a criança passa a ser capaz de também dirigir a si mesma, é a representação unificada de imagem corporal. É isso que Freud diz quando explicita em O ego e o id que "o eu é antes de tudo um ego corporal; não é tão somente um ser de superfície, mas é, em si mesmo a projeção de uma superfície corporal"[5], [Freud nos diz, no caso Schreber

(1910 - 1911)] "para ganhar um objeto de amor, toma-se primeiro a si mesmo, ao seu próprio corpo, antes de passar deste à eleição de objeto em uma pessoa alheia."[6]. Freud não centrou explicitamente o narcisismo em torno da problemática da imagem de si mesmo, mas a questão da passagem do autoerotismo para o narcisismo faz, contudo, alusão a ela.

Narcisismo

Na primeira parte do texto freudiano sobre o narcisismo, de 1914, encontramos uma argumentação que se dirige a Jung, a partir de uma discordância teórica em relação a importância da manutenção do dualismo pulsional – posição defendida por Freud, que insiste que haja dois tipos de pulsão e que, ao mesmo tempo, haja interação e tensão entre elas. Isso é coerente com a teoria freudiana na medida em que ela é sempre uma teoria do conflito psíquico, como encontramos já nos primórdios de sua teorização sobre o recalque, por exemplo. Jung concebe um monismo pulsional que entra em choque com a posição freudiana e gera a argumentação que encontramos aí.

No texto freudiano sobre o narcisismo, encontramos fundamentos de conceitos essenciais para a psicanálise. Conceitos como libido, supereu, pulsão, são discutidos nesse texto e terão consequências em textos posteriores do próprio Freud. Retomando um percurso conceitual, a psicanálise partiu do sintoma da histérica e dirigiu-se para o inconsciente. Depois foi para os estudos da vida pulsional, para a sexualidade. Neste texto vemos surgir algo que se radicalizará depois: a atenção de Freud se desloca do recalcado (era disso que se tratava nos estudos sobre a histeria) para o agente do recalque, que é o eu da psicanálise. É só aí que o eu da psicanálise se diferencia

Narcisismo e constituição do eu

do eu da psicologia popular. Esse eu comporta, além das funções já enunciadas pela psicologia, de percepção, consciência e acesso à motricidade, também o conjunto de representações que o sujeito tem de si, sua imagem. É a esse eu que o narcisismo se refere.

O termo narcisismo foi usado pela primeira vez por Paul Nacke em 1899 para "denotar a atitude de uma pessoa que trata o próprio corpo da mesma forma pela qual o corpo de um objeto sexual é comumente tratado"[7]. Ele foi buscar a expressão no mito de Narciso, personagem da mitologia que se apaixona pela própria imagem, toma a si mesmo como objeto de amor.

O termo narcisismo aparece pela primeira vez na obra freudiana numa nota de rodapé acrescentada na segunda edição do texto *Três ensaios sobre a sexualidade*. O texto é de 1905, mas a nota é de 1910, no ensaio sobre aberrações sexuais. Todavia, será conceitualizado no texto de 1914, *À guisa de Introdução ao narcisismo*. Este é um texto fundamental na obra freudiana, pois gera uma transformação na teoria das pulsões, na teoria das identificações, ponto de partida para linhas de raciocínio posteriores, como em *Luto e melancolia*, de 1917[1915] e cap. VIII e XI de *Psicologia de grupo*, de 1921 e abre caminho para a passagem da primeira tópica (oposição consciente e pré-consciente/inconsciente) para a segunda tópica (eu/isso/supereu), que encontramos em *O ego e o id*, de 1923.

Inicialmente, partindo das concepções então vigentes na Viena dos primórdios do século vinte, Freud entende o narcisismo como uma perversão, já que o sujeito trataria a si mesmo como normalmente se trataria um objeto sexual. Posteriormente, percebe que esta é uma etapa necessária ao que vai entender como um desenvolvimento da libido, que ficaria entre o autoerotismo e a escolha de objeto. O que seria patológico seria um excesso de narcisismo ou uma fixação nesta fase. Aqui há diferenças entre Freud e Lacan. Este último contrapõe a noção de estrutura à noção de desenvolvimento, dizendo que a noção freudiana de desenvolvimento da libido enfatizaria uma cronologia do desenvolvimento, enquanto que a estrutura, tal qual propõe Lacan, ficaria mais referida ao tempo lógico, que pensaria o processo através de relações dialéticas e lógicas. O problema da concepção desenvolvimentista nesse caso será a transmissão da ideia de que há um caminho necessário e evolutivo para a libido. No entanto, essa ideia é incompatível com a própria psicanálise que, como vimos ao discutir a pulsão, se afasta das concepções biologizantes – e, portanto, evolutivas, na medida em que concebe a pulsão como diferente do instinto.

Para conceitualizar o narcisismo, Freud parte do que entende ser patológico para compreender o que toma por normalidade; assim, parte do estudo da psicose para compreender como se dá a constituição do eu. Veremos isso no texto sobre Schreber, de 1911 e também no texto sobre o narcisismo. É justamente a fragmentação presente na psicose que suscita questões acerca da unidade do eu e sua constituição.

No texto sobre o narcisismo, encontramos que a partir das "vozes" presentes na paranoia, Freud parte para a compreensão da formação do ideal de eu (que é o conceito que culminará na concepção do supereu, enunciada em *O ego e o id*, em 1923). As "vozes" que perseguem o paranoico são oriundas, segundo Freud, do investimento libidinal que deu origem a instância censora do psiquismo, que passa a funcionar de forma regredida. Também a partir da paranoia observa que

Narcisismo e constituição do eu

a mesma atividade psíquica que assumiu a função de consciência moral também pode colocar-se a serviço da pesquisa pessoal interior, que aliás também fornece à filosofia o material de suas operações intelectuais. É possível que esse fato esteja relacionado com a propensão à formação de sistemas especulativos que caracteriza a paranoia.[8]

Lacan e o estádio do espelho

O estádio do espelho é a fase em que ocorre a identificação fundamental durante a qual a criança conquista a imagem do próprio corpo. O bebê humano nasce prematuro, diferente dos outros animais. Nesse sentido, depende absolutamente do outro, da mãe, para sobreviver e, portanto, para se constituir psiquicamente. No estádio do espelho, a criança, que ainda está num estado de impotência e descoordenação motora, antecipa imaginariamente, através da alienação na imagem que lhe é oferecida pela mãe, a apreensão e o domínio de sua unidade corporal. A importância do estádio do espelho está ligada à prematuração do nascimento, ou seja, o bebê humano, ao nascer, ainda não está neurologicamente maduro. Depois que nasce, seu cérebro continuará se desenvolvendo por anos, diferente de outros animais que já nascem prontos ou quase prontos para viver sozinhos. O cavalo, por exemplo, já fica de pé ao nascer. Por essa razão, por vezes se referem a uma "fetalização" do bebê humano. Assim, é apenas através da imagem de si, do *eu corpo*, que a criança consegue antecipar uma unidade corporal, que de fato ainda não existe. Essa unificação imaginária se opera pela identificação com a imagem de um semelhante como forma total. É ilustrada por Lacan pela experiência concreta em que a criança percebe sua própria imagem refletida no espelho.

CLÍNICA DO ACOMPANHAMENTO TERAPÊUTICO E PSICANÁLISE

É no estádio do espelho que Lacan localiza a passagem do autoerotismo para o narcisismo. Ao nascer e nos primeiros meses de vida, o corpo do bebê é vivido por ele como esfacelado. A identificação com a imagem refletida pelo espelho (ou pelo olhar da mãe) propicia uma antecipação ao controle motor da criança, o que tem como efeito permitir-lhe antecipar a unidade da sua imagem corporal – unidade corporal que ela ainda não tem.

Quando o bebê nasce, num primeiro momento e por algum tempo, há uma indiscriminação entre a criança e a mãe. Em seguida, começa a operar o que chamamos transitivismo. A criança não é nesse momento capaz de distinguir ela mesma de um outro bebê. Desse modo, toma a imagem que vê no espelho ao ser colocada em frente a ele como sendo um outro bebê. É só em um segundo momento que a criança irá perceber que o outro no espelho é uma imagem e não um outro real. Num terceiro momento, percebe que o outro no espelho é sua própria imagem. "Reconhecendo-se através desta imagem, a criança recupera assim a dispersão do corpo esfacelado numa totalidade unificada, que é a representação do corpo próprio. A imagem do corpo é, portanto, estruturante para a identidade do sujeito, que através dela realiza assim sua *identificação primordial*.[9]"

É também a partir da alienação no Outro primordial materno que se situa o primeiro tempo do Édipo, como retomaremos à frente. Por ora, sublinhamos que a constituição se dá a partir de uma dupla alienação: a criança precisa se alienar na imagem que a mãe lhe oferece para ter uma imagem e também nas significações que ela lhe oferece aos seus choros, gritos, movimentos etc. No primeiro caso, nos referimos à constituição do eu e, no segundo, à constituição do sujeito através da passagem pelo Édipo estrutural.

Nesse momento mais precoce, Lacan privilegia a noção de constituição do eu na relação com o outro, na linha da intersubjetividade. Utiliza exemplos da etologia, como o da pomba para falar do valor estruturante da imagem visual. Uma *gestalt*, uma boa forma, (uma forma totalizada) tem efeitos formadores sobre o organismo, ele dirá. Exemplifica dizendo que para a pomba ovular é condição necessária a visão de uma outra pomba ou então que ela veja sua própria imagem refletida no espelho. Fala também da criança frente a uma outra criança; se a primeira cai, a segunda chora; se uma bate na outra, a que bateu, ao ser interrogada, diz que foi a outra que bateu. Isso é o transitivismo, essa confusão constitutiva entre o eu e o outro.

Essa assunção da imagem unificada oferece uma primeira matriz do jogo das relações libidinais; a imagem de si é atingida na relação com o outro. Isso significa que a criança se identifica com o outro; mas identificação não é identidade, não é "o mesmo", esse outro não é idêntico a ele. Justamente por ser uma imagem outra, desperta também sua raiva, sua ira. Aí também se instala uma rivalidade primordial — que é, portanto, constitutiva. O outro é aquele ao qual me oponho a fim de determinar minha autoidentidade. A oposição é apenas o esforço para negar minha dependência desse outro, me constituindo em oposição a ele.

> Lacan insiste no caráter de exterioridade que a imagem tem em relação ao sujeito. A imagem de si vem primeiramente de fora [...] O homem só pode se ver exteriorizando-se, pondo--se como um outro. Isso significa fundamentalmente que a experiência de produzir uma imagem corporal é alienação de si no sentido de submissão da referência de si a referência do outro ou referência de si como um outro.[10]

A constituição é intersubjetiva e a base do pensamento e do desejo seria a mímesis do outro. Se a imagem do corpo próprio é sempre a sedimentação de imagens exteriores, então não há nada de próprio na imagem do corpo. Lacan dirá que o corpo próprio é, na verdade, corpo do outro. O desenvolvimento do eu será marcado pela contínua introjeção de imagens ideais do outro. Por isso Lacan diz que o eu é feito como uma cebola, podemos descascá-lo e encontrar as identificações sucessivas que o constituíram. Isso inaugura uma confusão narcísica fundamental. Ao referir-se a si através do eu, o sujeito refere-se à imagem introjetada de um outro[11].

Embora não seja afeito à cronologia, Lacan situa o reconhecimento da imagem no espelho primeiro entre seis meses e um ano e meio de idade e depois até os vinte e quatro meses. A fase do espelho deve ser entendida como uma identificação, ou seja, "a transformação que se produz em um sujeito quando este assume uma imagem"[12].

O bebê reage com alegria frente à sua imagem refletida, alegria que podemos ler como uma resposta ao contraste desta imagem visual completa, única de si mesmo e a fragmentação de suas sensações interoceptivas. A partir da assunção de uma imagem, o eu se antecipa a uma unidade que ele ainda não possui, que é ideal.

Estamos falando da imagem, mas há um investimento que precisa acontecer do lado da mãe, pela via da palavra, da nomeação, para que ela então possa se prestar a oferecer à criança uma imagem. Isso é essencial na constituição do eu. Exemplos da dificuldade em nomear, falar de um bebê que ainda não nasceu, tomá-lo como um sujeito, um outro mesmo que ainda não nascido, pode ser encontrado em dois casos clínicos que atendi, um deles de um menino que atendi no consultório e outro de uma acompanhada, ambos com diagnóstico estrutural de psicose. No caso do menino, a mãe, que já havia tido um tumor em um dos ovários, quando

Narcisismo e constituição do eu

viu sua barriga crescer na gravidez, pensou que se tratava de um retorno do tumor e, com medo dos procedimentos médicos necessários, só procurou um hospital quando estava em fase muito avançada da gestação. No caso da acompanhada, sua mãe não era capaz de dizer nada sobre o bebê que crescia dentro dela; podia no máximo falar de sua própria barriga que crescia. Não podemos simplificar nenhuma dessas situações e dizer que esses bebês se estruturaram depois como sujeitos psicóticos devido à dificuldade de suas mães em falar deles, mas é possível inferir que essa dificuldade de nomear o bebê como tal é índice de questões dessas mães em suas próprias constituições psíquicas que possivelmente se somaram às formas peculiares desses bebês responderem ao seu Outro primordial. Como resultado, temos sujeitos que se constituíram de um modo peculiar no que tange ao seu eu. A unificação da imagem corporal teve percalços de tal modo que, no atendimento de ambos os casos, aparecem notícias de um eu fragmentário. A acompanhada, por exemplo, temia que partes de seu corpo de desprendessem ou estivessem deformadas. O menino, cujo acesso à fala no início do atendimento era precário, tinha uma série de rituais corporais e organizações peculiares dos objetos da sala de atendimento que buscavam dar contorno a seu corpo esfacelado.

A partir do referencial freudiano, dizemos que alguma coisa acontece para que a criança saia do estágio do narcisismo primário, este que é o primeiro investimento no eu como objeto. Aqui estamos no registro do que chamamos de eu ideal. Novamente, essa passagem não é biologicamente dada, um ato psíquico é necessário. A partir de um determinado momento, pode acontecer da criança perceber que outros interesses ocuparão a mãe, seja o pai dessa criança, seja o trabalho desta mãe ou alguma outra interferência externa à relação dual mãe-criança. Em outras palavras, estamos nos referindo ao início da crise edípica. Para Lacan, essa crise não acontece numa idade definida, como concebia em algum momento Freud. O Édipo, para Lacan, é precoce e é parte da dialética da constituição psíquica desde o início, já que estaria relacionado à função paterna que a mãe transmitiria ao filho. (Curiosamente, essa concepção deixa um espaço pequeno para o pai "real". Ele teria uma influência no acontecer da constituição, mas talvez não tão grande quanto a mãe ou quem a representa.)

Essa interferência externa à díade mãe-bebê significa que ela já não é tudo para sua mãe, há outras coisas no mundo que lhe interessam. Essa mudança vai provocar um deslocamento na posição da criança. Essa criança, que continha todas as qualidades, identificada com um ego de prazer para quem era dirigida toda a atenção da mãe, era o que podemos chamar de eu ideal.

Com a crise edípica, o narcisismo primário sofre um golpe, pois aparece um campo de desejo materno que não inclui a criança. Estando excluída, ela precisa, de alguma forma, recompor-se, "recuperar-se" do golpe. A criança não coincide mais com o ideal, mas pode identificar-se com este ideal. O raciocínio subjacente é: não sou o ideal (abandono da onipotência), mas posso chegar a sê-lo. Esse raciocínio instala uma procura, uma busca que se dá através da identificação, que visa diminuir a distância entre aquilo que se é e aquilo que se gostaria de ser. Mas o que acontece com a onipotência, com o narcisismo infantil?

Agora começamos a falar de um narcisismo secundário. O narcisismo primário, pela via da identificação transforma--se no narcisismo secundário. Como é isso? É como se o eu dissesse ao isso: você pode me amar, pois sou igual ao

Narcisismo e constituição do eu

objeto; através do processo de identificação, o eu se tornou semelhante ao objeto idealizado, e, portanto merece o amor do isso (que é de onde emana a libido narcisista) como o objeto ideal merecia. Isso significa que haverá um abandono desse objeto ideal (a mãe, por exemplo) e o retorno da libido que estava investida no objeto para o próprio eu.

Dentro de um funcionamento edípico, encontramos do lado da criança o desejo daquilo que é objeto de desejo do outro; dessa forma, identifica-se com esse outro. Por exemplo, a criança que pela via da identificação adquire aspectos valorizados pelo discurso e pelo desejo materno; a mãe gosta de praticar esportes, a criança, praticando esportes, identifica-se com este ideal da mãe. É claro que a coisa não funciona exatamente assim na prática, essa é uma simplificação, há outras interferências na constituição do eu, senão todos os filhos coincidiriam com os desejos parentais, o que não acontece na realidade. De qualquer modo, através da identificação, o sujeito tenta recuperar o amor antes direcionado ao eu ideal (que coincidia com o eu real), que agora se volta para o ideal do eu. Esse nada mais é do que a projeção no ideal daquilo que não pode mais ser sustentado pelo eu. A satisfação agora é obtida pela realização desse ideal, que está sempre apontado para o futuro.

A identificação é a "mais remota expressão de laço emocional com outra pessoa"[13], é anterior ao que chamamos escolha de objeto. Os rituais primitivos de canibalismo tinham como objetivo a incorporação das qualidades dos guerreiros mortos, eram uma forma primitiva de identificação com eles. Assim também uma paciente, bastante ligada à comida, me conta que comeu o mesmo chocolate que me viu comendo algumas semanas antes (cenas semelhantes já aconteceram várias vezes com essa paciente) e, dessa forma, busca identificar-se comigo. Aqui estamos falando de um tipo de identificação que não passa pela simbolização, conquista pós-édipo, mas que funciona na concretude: comer o mesmo chocolate que eu, comprar uma bolsa igual à minha. Esse tipo de identificação imaginária dá notícias da função de "bengala imaginária" que o at, por vezes, acaba desempenhando para seu acompanhado psicótico.

A onipotência infantil e a identificação com o ideal são questionados o tempo todo pela realidade, de modo que fica clara a impossibilidade de permanecer nesta identificação com o ideal. Estamos falando do ideal de eu, uma instância psíquica com a qual a criança tenta resgatar a perfeição narcísica primordial. O ideal estará investido pela libido narcísica, mas vai se constituir a partir dos desejos, críticas e valores herdados do sistema parental, que por sua vez refletem uma seleção do sistema de valores do campo social. O ideal de eu é o precursor do supereu. Esse, que é o herdeiro do Complexo de Édipo, é composto por três funções: auto-observação, consciência moral e função de ideal. O supereu é a autoridade interna, enquanto o ideal tem a ver com a forma como o indivíduo deve se comportar para corresponder à expectativa da autoridade[14].

Para Freud, depois disso, acontecerá a escolha de objeto, que está relacionada a como se deu o processo que vai do autoerotismo até o narcisismo secundário.

Mas o que estimula o sujeito a investir em um mundo que o obrigará daí por diante a respeitar coerções e limites?

Ponto de vista econômico: Freud evoca o perigo para o eu de um acúmulo de libido, que pode provocar o surgimento de sintomas neuróticos e da dinâmica regressiva da esquizofrenia.

Ponto de vista dinâmico: Lacan fala da exigência que a imagem assumida pelo sujeito lhe traz de imprimir essa mesma

Narcisismo e constituição do eu

imagem na realidade. Ou seja, o investimento do mundo externo não pode operar sem as satisfações narcísicas proporcionadas pelos encontros com a imagem singular. Essa, em sua onipresença, permite que as relações humanas se estabeleçam. É isso que está na base de ações que tem a ver com "fazer uma marca". Quando se fala em fazer uma obra, na sustentação subjetiva que pode daí advir, aí também está em jogo a dimensão narcísica.

O narcisismo secundário estabelece o ideal de eu; é importante ressaltar que esta é uma das consequências possíveis do narcisismo secundário, é o que ocorre mais especificamente na neurose, pois a formação do ideal nos moldes que descrevi tem a ver com uma renúncia à onipotência do eu, que por sua vez tem a ver com a castração. Mas o que acontece na psicose, se a castração e, consequentemente, o Nome-do-Pai, é foracluído?

Utilizando a teoria da libido, diferenciamos neurose e psicose. Na primeira, há um afastamento do mundo real e de alguma forma, o indivíduo corta suas relações eróticas com as pessoas. No entanto, embora ainda as retenha na fantasia, renuncia às atividades motoras para a obtenção de seus objetivos relacionados àqueles objetos. A ênfase permanece no fantasiar. Na psicose, também há um afastamento da realidade, mas com características diferentes; há uma retirada da libido de pessoas e objetos na realidade mas esses não são substituídas pela fantasia; quando isso de fato acontece, parece ser algo secundário e fazer parte de uma tentativa de recuperação, destinada a conduzir a libido de volta a objetos[15].

Para onde vai essa libido afastada dos objetos externos na psicose?

A resposta a essa pergunta pode ser encontrada na megalomania presente na esquizofrenia. Nessa, a libido objetal, antes direcionada ao mundo externo, é reinvestida no eu, dando margem a uma atitude que podemos chamar narcisista. Esse investimento se sobrepõe a um investimento no eu que já existia, um narcisismo primário, de forma que constitui um narcisismo secundário. Assim, podemos pensar que, desde o início, há um investimento libidinal original do eu, parte do qual é posteriormente dirigido a objetos externos. Dessa forma, temos uma antítese entre os dois tipos de libido; quanto mais uma é empregada, mais a outra se esvazia, quanto mais se investe libido no objeto, menos se investe no eu e vice-versa. Exemplos dos dois extremos são, de um lado o sujeito apaixonado e, do outro lado, o delírio do paranoico. No primeiro caso, a libido flui toda para o objeto amado, que concentra todas as qualidades, todo o valor, enquanto que no segundo caso, a libido flui toda para o eu, que é perseguido/observado/amado pelo mundo externo. É o que escutamos de uma mocinha psicótica que diz, por exemplo, que todos na rua olham para ela quando passa.

Podemos dizer que, sob a ótica do narcisismo, na psicose a problemática gira em torno da unidade do eu, enquanto que na neurose a problemática tem a ver principalmente com o valor do eu ou autoestima; o narcisismo aqui aparece no contexto edípico. Não há clareza na diferenciação fora/dentro na psicose, já que a questão central da psicose é justamente a fragmentação do eu; sua unidade não está bem delimitada. O que poderia ser o núcleo do eu, que é o eu corporal, a imagem totalizada da representação de si mesmo, é fragmentária. É o que se costuma chamar de corpo morcelé. Daí a indiscriminação eu/não-eu. Pommier retoma Lacan, que fala de uma "regressão tópica ao estádio do espelho"[16] na psicose. Essa expressão corresponde à que Freud usou para designar as psicoses: psiconeuroses narcísicas.

Narcisismo e constituição do eu

O repúdio (foraclusão) impede a ruptura da fusão com o Outro. Dessa forma, a simbolização não se produz. Na esquizofrenia, tipo clínico da psicose que remete a uma regressão ao autoerotismo segundo Freud ou a uma dificuldade no estádio do espelho para Lacan, o mundo representacional tem características específicas: a linguagem é marcada pela referência narcisista ao corpo – com muita frequência nos quadros de psicose, principalmente nos esquizofrênicos, encontramos delírios relacionados a partes do corpo ou então constantes "estranhamentos" em relação ao próprio corpo. Por exemplo, Mariana com frequência diz que ela tem problemas por ter uma vez tentado se machucar, que essa tentativa deixou seu corpo marcado de alguma forma, embora isso nunca tenha podido ser identificado por ninguém; embora não tenha sido nas pernas, essa tentativa de se machucar fez uma de suas pernas ficar "mole". Ela pede que eu a observe enquanto anda, para constatar o que ela me diz. Ou me pede para olhar a curva de sua coluna, quer ver se eu tenho uma curva como ela, porque acha aquela curva estranha e acha que ela não estava lá antes. Nessa última situação, Mariana me usa para se assegurar da integridade de seu corpo, à moda do que acontece no estádio do espelho, quando o olhar da mãe pode antecipar, assegurar uma totalidade da imagem do corpo.

As questões da imagem com frequência aparecem na esquizofrenia. Assim, a acompanhada a qual acabo de me referir, muitas vezes me pergunta se sua cabeça está deformada, por exemplo. Ou se alguma parte de seu corpo vai cair. Suas questões remetem a uma insegurança quanto à existência, unidade e permanência de seu corpo, como se isso não estivesse garantido e ela precisa, então, constantemente verificar as partes de seu corpo. Seu corpo vive ameaçado de desintegração. Por essa razão, a identificação imaginária com a at, a qual me referi antes, cumpre um importante papel. Ela se interessa muito por adquirir objetos que a at ou a analista possuam. Se gosta de uma pulseira que eu uso, para ela é muito importante ter uma igual. Ou cortar os cabelos curtos, como os meus. Passou a comprar plantas para sua casa, depois que descobriu que eu gosto de plantas. Esse tipo de colagem imaginária é algo que fornece sustentação justamente ali onde a sustentação é falha para ela; na identificação imaginária.

As falhas na constituição do eu podem aparecer na linguagem de forma surpreendente. Quando começo a acompanhar Joana, uma mulher de 40 e poucos anos, ela me conta sobre um vaso que plantou recentemente. Pergunto se ela já havia plantado algo antes e ela responde: "Ah, antigamente plantava. Plantou um manacá, plantou uma dama-da-noite na fazenda do pai". Ou então "Precisa consertar o relógio" pergunto que relógio e ela responde: "O relógio da Joana". Essa moça nunca fala na primeira pessoa do singular. Podemos supor que para falar na primeira pessoa, precisa haver a representação de um eu, um eu que tenha se constituído com uma certa consistência. Se não há a referência de uma unidade, é difícil se referir a um "eu", termo que traduz exatamente essa unidade, mesmo que se trate de uma unidade ilusória. Essa não utilização do "eu" na fala é bastante comum nas psicoses infantis, mas mais rara nos adultos.

Em suma, esse eu que permanece fragmentário pode se manifestar de diferentes maneiras: nas referências ao corpo, no discurso e nos delírios.

Quando falo em "unidade ilusória", estou me referindo à imagem unificada fornecida pelo estádio do espelho. Uma imagem não é real, por isso falamos em antecipação de algo que ainda não existe, que é a unidade corporal de

Narcisismo e constituição do eu

um bebê que ainda não coordena seus movimentos de fato, mas antecipa essa coordenação ao ver sua imagem inteira no espelho. O que está em jogo no estádio do espelho é a crença em uma imagem projetada. Mais do que isso, mesmo quando houver essa representação do eu, ela será puro engodo, será uma ilusão necessária para a constituição psíquica. É nessa medida que, assim como o eu, o imaginário, instância psíquica nomeada por Lacan ao lado do simbólico e do real, é ele mesmo sempre veículo de uma totalidade ilusória, criação de uma verdade-toda que não existe.

> O estádio do espelho é um momento decisivo. Não só o eu emerge dele, mas também o corpo despedaçado. Este momento é a fonte não só do que se segue mas também do que precede. Produz o futuro através da antecipação e o passado através da retroação. Mas também é um momento de ilusão, de ser cativado por uma imagem ilusória. Futuro e passado estão enraizados numa ilusão.[17]

Esse momento do estádio do espelho é ao mesmo tempo antecipatório e retroativo. Há uma dialética temporal que faz com que fique difícil pensar numa cronologia: o eu é constituído através de uma antecipação que virá a ser, o seu modelo antecipatório é usado para julgar o que era antes. Isso porque a ilusão da unidade inaugura a ameaça de se voltar a um estado anterior, o caos onde esta unidade começou. "Aquilo que não é organizado, totalizado ou unificado, não pode ser violado"[18]. O estádio do espelho é esse momento de júbilo anterior ao surgimento da angústia causada pela ameaça de que a unidade se perca. A criança tendo assumido antecipadamente um corpo totalizado e dominado, retroativamente percebe sua inadequação; esse é o momento da perda do paraíso, do júbilo que viveu a criança no momento da antecipação.

O destino da criança está selado: insuficiência (corpo em pedaços); antecipação (forma ortopédica) e, finalmente, uma armadura rígida. Entretanto, a insuficiência somente pode ser entendida pela antecipação: a imagem do corpo em pedaços é fabricada retroativamente do estádio do espelho. Somente a forma ortopédica antecipada de sua totalidade pode definir – retroativamente – o corpo insuficiente.[19]

É como se o segundo tempo viesse, então, antes do primeiro. É nesse sentido que a antecipação está sempre ligada à retroação.

Caso clínico

Vanessa tinha 12 anos quando comecei a acompanhá-la, por indicação de sua analista. Desde pequena era descrita como uma menina estranha, diferente das outras crianças, quieta e isolada. A mãe contava que, nas festinhas, ela sempre se conservava à parte, nunca participava das brincadeiras, sempre foi uma "espectadora". Segundo os pais, não se interessava por nada e nunca brincou, fosse sozinha ou com outras crianças. Também nunca teve amigos. Vanessa não fala de si, não se descreve. Quando o faz, repete os enunciados familiares, imita o tom de voz e as palavras de seus pais.

Na época em que inicio o acompanhamento, houve uma intensificação de comportamentos de Vanessa, tais como bater em si mesma (ela se aplicava tapas, socos e beliscões a ponto de ficar com marcas roxas pelo corpo, inclusive no rosto) e nos outros, principalmente nas pessoas de sua casa. Além disso, suas "manias" também haviam se intensificado; chegava a levar uma hora e meia para tomar banho, gastando também muitas horas para fazer as lições de casa, que eram entremeadas por inúmeros rituais, como por exemplo verificar dezenas de vezes se a porta e a janela de seu quarto estavam bem fechados. Esse é um bom

Narcisismo e constituição do eu

exemplo de como o diagnóstico baseado nos fenômenos e comportamentos pode se equivocar. Afinal, acabamos de descrever um comportamento muito frequentemente atribuído à neurose obsessiva e, no entanto, tendo realizado o diagnóstico sob transferência, sustento que se trata de um caso de psicose, mais especificamente um sujeito esquizofrênico.

Nos últimos meses, perdera os poucos interesses que tinha: não assistia mais TV nem ouvia rádio; recusava-se a sair de casa, dizendo que as pessoas na rua "olhavam feio" para ela.

Surge o pedido, expresso pelo pai e endossado pela mãe, de que alguém ajude "mãe e filha a desgrudarem uma da outra", pois elas passam muito tempo juntas. A mãe trabalha apenas em tempo parcial, no escritório de seu marido e fica com a filha todo o restante do tempo. O 'grude' é de tal ordem que, por vezes, o pai precisa literalmente separar as duas, pois chegam a se envolver em lutas corporais entre si.

Vanessa me conta que Deus fica fazendo caretas para ela, não a ajuda. Xingou Deus, disse que ele só briga com ela. Fala-me de uma outra menina, muito parecida com ela, chamada Vicentina. Ela está conosco no quarto, segundo me conta. Diz que ela "enche o saco", mas também serve para ter alguém com quem falar mal dos outros. Vicentina surgiu há pouco em sua vida, segundo ela.

Gradualmente concorda em sair de casa comigo para visitar a praça próxima à sua casa, a biblioteca pública, o shopping center. Nestas ocasiões, mantém-se quase sempre calada, os olhos arregalados. Anda sempre sobre meus passos na rua, quase pisando nos meus calcanhares ou então com o braço quase tocando no meu. Se por algum motivo me afasto alguns metros, ela estaca e seu rosto assume uma expressão inequívoca de medo; os poucos metros parecem transformar-se em quilômetros. Impossível não pensar no "grude" de Vanessa com sua mãe. Nesse contexto, lembremos da constituição do eu; se uma unidade do eu não se estabeleceu com alguma consistência, alguém – sua mãe, a at – parecem servir como uma espécie de prótese ortopédica que a tranquiliza, embora também causa dificuldades, devido à proximidade.

Sob a perspectiva do narcisismo e em articulação a outros aspectos do caso clínico – como, por exemplo, o lugar de desejo que ocupa na estrutura familiar, em consonância com a posição do psicótico de completar o Outro – podemos pensar o ato de Vanessa de bater em si mesma como uma busca de contornos, de diferenciação de seu corpo do corpo da mãe, do corpo do Outro. Muitas vezes, enquanto se batia, dizia: "Vanessa, você é uma burra, merece apanhar." Por outro lado, não podemos esquecer que a dor também é constitutiva do eu. Segundo Freud, em uma etapa muito inicial de sua constituição, através da dor o sujeito consegue ter alguma noção de si mesmo, de seus limites corporais.

Desde algum tempo antes do início do AT, o corpo de Vanessa começara a mudar. A puberdade se fazia pouco a pouco presente e isso não foi sem relação com a situação vivida por ela e o pedido de AT. A adolescência, sendo a fase de passagem da infância para a vida adulta, é caracterizada por grandes perturbações narcísicas, que acontecem em dois níveis: uma mudança da representação corporal de si mesmo, que acompanha a mudança fisiológica da puberdade e uma crise das figuras de referência intrapsíquicas[20]. Se não há um narcisismo bem estabelecido, há o risco de colapso, da invasão pela angústia de fragmentação.

Narcisismo e constituição do eu

Vanessa vive um estranhamento em relação às modificações pelas quais passa seu corpo na puberdade; esforça-se por escondê-las, através das roupas que usa, e atormenta Elisa, a empregada da casa, que faz com Vanessa um contraponto no modo de se vestir, de mostrar o corpo. Enquanto Vanessa só usa roupas largas e compridas, com motivos infantis, a empregada está sempre com roupas curtas e justas, mostrando as curvas de seu corpo. Vanessa xinga Elisa de vagabunda, de burra, de feia. Belisca-a, bate, nela e diz: "A saia justa da Elisa bate em mim". Há algo de insuportável nas roupas justas da empregada. Para falar delas, Vanessa usa justamente esse significante: bater. Aqui, podemos pensar seu ato de bater em si mesma com uma conotação sexual, não mais apenas como uma tentativa de contorno do corpo. Aponta na mesma direção a pergunta formulada por ela quando me conta porque não quer sair de casa: as pessoas na rua pareciam olhar para ela o tempo todo. Disse ter vontade de perguntar: "eu estou pegando fogo?". O "pegar fogo" traz em si uma alusão sexual, no sentido da excitação crescente que vive, da qual se tem notícia através das provocações físicas que impõe à empregada, da masturbação frequente, do bater em si mesma. Mas esta vivência aparece desde fora; os outros a olham como se ela estivesse pegando fogo; não se trata da metáfora que traduz sua sensação de estar pegando fogo, como poderia ser o caso em um sujeito neurótico. Ela está efetivamente pegando fogo.

A crise identitária, que envolve o corpo do adolescente e sua representação também atinge os referenciais intrapsíquicos ou imagos parentais. A consequência desta crise é o desvelamento da incompletude do sujeito: os referenciais antigos já não são eficientes, e ainda não

CLÍNICA DO ACOMPANHAMENTO TERAPÊUTICO E PSICANÁLISE

há outros prontos para substituí-los; a acentuação da diferença física entre moças e rapazes, que se dá através do desenvolvimento dos caracteres sexuais ditos secundários, coloca em evidência o que falta neste corpo, porque o define inequivocamente: homem *ou* mulher[21]. Que tipo de consequência podem ter as mudanças que se dão não apenas no que diz respeito às demandas endereçadas a esse adolescente ou quase-adolescente, mas também em seu corpo, sobre um sujeito psicótico?

A entrada na adolescência, como ocorre no caso de Vanessa, pode descompensar um narcisismo já precário, o que se somará à foraclusão do Nome-do-Pai, desencadeando a crise psicótica. Segundo Penot,

> A ruptura da 'escoragem' narcísica é tal que ela vai necessitar, efetivamente, da introdução da neo-realidade do delírio, o qual é definido por Freud como uma 'peça aplicada ali onde originalmente aparecera uma falha na relação do Isso com o mundo exterior'. A função inicial desta 'colagem' delirante seria então fazer o trabalho de solução provisória, de remendo, de *tapa-buraco* [...].[22]

De Vanessa, agora, espera-se algo diferente da Vanessa aos 5, aos 8 e aos 10 anos de idade; os pais, a escola, os colegas, todos demandam algo dela. Mais precisamente, o Outro demanda dela e lhe faz uma pergunta que não pode responder. O luto pela perda do corpo da criança também não pode ser experienciado, pois a mera percepção da mudança corporal é sentida como excessivamente ameaçadora. A alucinação (Vicentina) surge, então, como a única possibilidade de sobrevivência psíquica frente à falência de referências que foram, desde sempre, frágeis. Ali, onde não há uma imagem corporal constituída, qualquer alteração do precário equilíbrio adquirido pode levar ao colapso. Bater em si mesma, aqui, juntamente com o delírio que tenta

Narcisismo e constituição do eu

tecer em torno da figura de Vicentina, ganha o peso de uma tentativa de cura.

7 CONSTITUIÇÃO DO SUJEITO: NEUROSE E PSICOSE

NA PSICANÁLISE LACANIANA, O SUJEITO SE CONSTITUI DE MODO ANÁLOGO ao registro simbólico. A afirmação freudiana de que o complexo de Édipo seria a linha divisória que separaria os adeptos da psicanálise dos demais já evidencia sua importância central na teoria psicanalítica. Enquanto Freud fala em Complexo de Édipo, Lacan fala em Édipo estrutural, o que marca uma diferença entre ambos. Enquanto o primeiro tem uma leitura estruturante, ou seja, a importância do Édipo como estruturante do psiquismo está subentendida, o segundo tem uma leitura estrutural, que parte explicitamente do princípio de estrutura em sua teoria, lançando mão do referencial teórico do estruturalismo que floresceu principalmente na França dos anos 1950.

É através da passagem pelo Édipo que o objeto adquire seu estatuto simbólico. O simbólico é logicamente anterior à criança porque, para a mãe, ele já é dado antes do nascimento da criança, a mãe está ela mesma funcionando no registro simbólico, mas a aquisição da criança deste estatuto tem relação com como viverá o Édipo. A passagem da criança pelo estádio do espelho e pelo Édipo depende, em certa medida, do lugar reservado no simbólico – no Outro – de forma inconsciente por aqueles que tomam para si os cuidados dessa criança como figuras parentais, principalmente por aquele que exerce a função materna. Em uma palavra, a passagem pelo Édipo depende, além de uma insondável decisão do ser, como lembra Lacan, do lugar que a criança tem no Outro materno primordial.

Édipo estrutural

A passagem pelo Édipo é o modo como se transmite a função paterna e, portanto, um nome: o Nome-do-Pai. É importante deixar claro que, quando falamos em Édipo estrutural, o pai não é uma pessoa; é uma metáfora. Uma metáfora é um significante que vem no lugar de outro significante. Nesse caso, o Nome-do-Pai ou metáfora paterna vem no lugar do desejo materno e o substitui como S1, como significante mestre.

O Édipo depende do papel desempenhado por duas funções. A função materna, que está ligada aos cuidados, que vem junto com uma marca de interesse particular na criança por parte de alguém, e também a função paterna, que é o vetor de uma encarnação da lei no desejo[1]. Podemos falar do Édipo através das relações precoces de amor e ódio que a criança nutre em relação às figuras parentais e que são a base para o modo como vai se organizar toda a sexualidade humana posterior.

O fundamento do complexo de Édipo é a sexualidade infantil. Essa concepção só é possível porque Freud já ampliara o conceito de sexualidade humana[2], como comentamos a pouco. Até então, se pensava que as crianças não tinham sexualidade, que só despertava na puberdade, com fins biológicos de reprodução. A partir da concepção freudiana da sexualidade infantil, abre-se o caminho para a teorização do Complexo de Édipo, que organiza e normaliza a sexualidade humana em torno do referencial fálico.

A leitura lacaniana de Freud esclarece a ênfase na função simbólica do pai em detrimento da função anatômica do falo e essa é uma das diferenças fundamentais entre o complexo de Édipo freudiano e o Édipo estrutural lacaniano, juntamente com um deslocamento do pai como figura de identificação/amor em Freud para sua função de interdição

Constituição do sujeito: neurose e psicose

em Lacan, já com a influência da antropologia estrutural de Lévi-Strauss.

Lacan divide o Édipo em três tempos lógicos, ou seja, que ocorrem em uma certa articulação e sucessão. Essa é mais uma mudança em relação à concepção freudiana, que partia de uma noção mais desenvolvimentista e, portanto, ligada ao tempo cronológico. Ela tem início com a constituição do eu via estádio do espelho, que implica uma alienação no grande outro materno. É a partir da maneira como um sujeito vive o Édipo que se definirá sua reação à castração e, portanto, sua estruturação neurótica, psicótica ou perversa. Essa vivência do Édipo depende de como cada sujeito atravessa o estádio do espelho, de como o narcisismo e a unidade do eu se constituíram. Depende também de como os pais transmitem ou não o Nome-do-Pai para a criança, o que por sua vez depende de como eles atravessaram o seu próprio Édipo.

Por fim, o Édipo estrutural precisa ser entendido a partir da tópica lacaniana: real, simbólico e imaginário.

Em resumo, as principais mudanças na leitura do Édipo lacaniana em relação ao complexo de Édipo freudiano são:

1) deslocamento da importância do pai como figura de amor e identificação (Freud) para sua função de interdição (Lacan);
2) passagem do tempo marcado pela cronologia para o tempo lógico;
3) introdução da tópica lacaniana, composta pelos três registros do psiquismo, que permite entender a castração em sua dimensão imaginária e simbólica – e diferenciar mais claramente a questão do dado anatômico e de seu valor simbólico para o sujeito.

Falo x pênis

Freud, no texto *A organização genital infantil*[3], aponta que para a criança existe um único órgão sexual: o pênis. Ou bem ele está presente, ou está ausente. Freud descobre em suas pesquisas que é assim que a criança significa a diferença de órgão anatômico, já que a vagina é um órgão interno, não visível. À criança pequena é impossível a abstração que permitiria entender que se trata de dois órgãos sexuais diferentes. Desse modo, podemos dizer desde Freud que há uma primazia do falo. No entanto, não fica clara a diferença entre o falo e o pênis para esse autor.

Por um lado, essa diferença anatômica é apenas o substrato daquilo que será a noção de falo. Já Lacan enfatiza que o falo é uma função simbólica, enquanto que o pênis é um objeto concreto, real. O falo é o eixo da problemática edípica para Lacan. O fato do falo se situar fora da anatomia do pênis fica claro a partir da concepção da criança de que a diferença entre os sexos se constitui em torno da noção de falta: o órgão genital feminino só difere do masculino porque lhe falta algo (não porque é diferente daquele por ser outro órgão). Assim, a diferença anatômica é interpretada inicialmente pela criança como algo da ordem da falta. O falo surge como uma construção imaginária que se apoia no real da diferença anatômica mas ganha um estatuto simbólico. É este falo imaginário, por sua vez, que dará origem para a dimensão simbólica que será introduzida pela/com a metáfora paterna, que introduz o duplo sentido, a contradição, a coexistência dos opostos. Todavia, a dimensão simbólica do falo nada deve ao pênis em suas dimensões real e imaginária, não se confunde com essas duas dimensões.

Constituição do sujeito: neurose e psicose

Os três tempos do Édipo

O sujeito se estrutura ao mesmo tempo em que se defende da castração. A passagem pelo Édipo definirá qual será a incidência da negação da castração para um determinado sujeito. Existem três mecanismos possíveis de defesa frente à castração, como podemos encontrar no quadro abaixo.

VERLEUGNUG	VERWERFUNG	VERDRÄNGUNG
Desmentido	Foraclusão	Recalque
PERVERSO	PSICÓTICO	NEURÓTICO

Os diferentes mecanismos de negação da castração operados por cada sujeito vão determinar sua estrutura clínica: perversão no caso da negação pela via do desmentido, foraclusão no caso da negação radical que opera na psicose ou recalque, como ocorre nos casos de neurose. Lacan divide o Édipo em três tempos lógicos, cada um deles marcado por acontecimentos próprios, como veremos a seguir.

Nos três tempos do Édipo, veremos que a falta se inscreve e ao mesmo tempo será negada. A falta se apresenta em diferentes modalidades. Enquanto no primeiro tempo a falta se apresenta na modalidade de frustração, no segundo tempo falamos da falta como privação. Finalmente, no terceiro tempo do Édipo, há a possibilidade de inscrição da falta na forma de castração. As duas formas anteriores de falta são, na verdade, uma preparação para a inscrição da castração, que é a falta em seu aspecto simbólico[4].

Primeiro tempo

O primeiro tempo do Édipo estrutural está logicamente articulado ao estádio do espelho; é o momento em que a criança é o falo da mãe. Não há um elemento externo que mediatize essa relação, a criança está assujeitada ao desejo da mãe e não se distingue dela, já que está na posição de completá-la, no lugar de seu falo. Por outro lado, essa alienação é o preço para passar do corpo despedaçado à unidade do eu. Ela tenta se fazer do objeto que atende o que falta à mãe. Esse objeto que poderia preencher a falta da mãe é justamente o falo, razão pela qual dizemos que a criança está no lugar do falo da mãe.

Para a criança, essa mãe que tudo pode lhe dar é uma *mãe onipotente* – e é isso que ela pode esperar da mãe: tudo. Se algo falta, essa falta se apresenta para a criança como *frustração*. À mãe, nada falta. A criança supõe na mãe algo da ordem de um *dom*: se ela não lhe dá algo, é porque lhe nega seu dom. O dom é uma característica inata que permite que alguém realize uma determinada tarefa com destreza, sem que seja necessário grande esforço. Pela crença na onipotência da mãe, dela a criança só espera a satisfação. Nesse primeiro tempo, portanto, não há ainda uma dimensão da falta, dada a onipotência do Outro, seu dom e o fato de que o objeto ainda não está constituído, já que para isso seria necessária uma operação simbólica que ainda não está disponível. Desse modo, a falta é evanescente, não há ainda inscrição psíquica da falta, cujo efeito na criança é, portanto, apenas imediato. São justamente essas experiências de frustração que se configuram como o princípio da inscrição da falta, ainda em uma modalidade imaginária.

O que fica em evidência neste primeiro tempo é a função da mãe. A mãe é aquela que tem o falo – e o falo da mãe é a própria criança. Portanto, a criança ocupa o lugar

Constituição do sujeito: neurose e psicose

que já estava anteriormente demarcado pelo desejo da mãe. Aqui está a equivalência simbólica entre falo e criança de que fala Freud. É importante notar que o campo simbólico que preexiste à criança – e que é encarnado pela mãe como outro primordial – é diferente da inscrição do sujeito nesse campo, o que só pode ocorrer ao final do Édipo.

A passagem do primeiro para o segundo tempo se dá na medida em que a criança começa a desconfiar que não completa a mãe. A mãe, que é tão presente para a criança, se ausenta. A criança se dá conta dessas ausências maternas e isso lhe produz uma questão: afinal, sou ou não sou o falo que a completa? Essa interrogação anuncia a entrada no segundo tempo do Édipo, no qual se impõe a intrusão da dimensão paterna. Aqui, o pai está presente de forma latente no Outro materno, mas ainda não intervém de forma efetiva. Ele é presente por sua marcação na mãe, mas ainda não existe efetivamente para a criança. Por isso dizemos que, de certa forma, a mãe introduz a presença paterna.

Segundo tempo

O segundo tempo é caracterizado pelo que podemos chamar de dialética ser ou não ser o falo. Começa a haver uma mediação paterna, embora ainda em uma vertente imaginária, já que o pai rivaliza com a criança: ou a criança é o falo da mãe ou o pai o é. Desse modo, o pai do segundo tempo é um pai terrível que se impõe à criança como aquele que pode completar a mãe.

Lacan nos ensina que o que faz a criança perceber a falta materna nesse tempo não incide sobre o pênis, mas sim sobre a ausência da própria mãe. As presenças e ausências da mãe criam uma falta, uma hiância entre a mãe e a criança. Desse modo, não é a ausência do pênis que está em jogo, mas a ausência da mãe enquanto fálica.

É importante lembrar que a ausência é condição para a instauração do simbólico, uma vez que simbolizar tem a ver com lidar com a presença na ausência, uma representação quando falta o objeto. A brincadeira do *fort-da* é paradigmática desta passagem à simbolização, tal como encontramos em *Além do princípio de prazer*[5]. Nesse texto, Freud descreve uma criança bem pequena que brinca de fazer desaparecer atrás do anteparo de seu berço um carretel que está amarrado na ponta de uma linha e depois o faz reaparecer, puxando a linha. Quando o carretel desaparece, a criança – que ainda não fala – emite um som que evoca a ideia de distância, o "fort" em alemão. Quando puxa o carretel para perto, fala "da", que dá a ideia de proximidade.

A falta que se anuncia no segundo tempo não está necessariamente ligada ao fato de que a mãe se ausenta fisicamente, mas sim de que isso indique que há na mãe desejo por alguma outra coisa além da criança. No entanto, ainda que se ausente, a mãe retorna e seu retorno coloca em questão a ideia de que é o pai o falo que a completa. Instaura-se assim a *dialética ser ou não ser o falo*. As presenças e ausências maternas vão causar um enigma para a criança em relação ao desejo materno: afinal, o que ela quer?

A ausência materna é condição para que a criança se insira no campo simbólico, a partir da premência de representação do objeto ausente. Desse modo, o objeto ausente se faz presente através da linguagem, pela via simbólica.

Podemos dizer que o pai intervém na relação mãe--criança-falo nesse momento sob a forma de *privação*, ou seja, o pai priva a mãe do objeto fálico de seu desejo, que é a criança, na medida em que atrai para si o interesse da mãe. Enquanto a frustração do primeiro tempo é uma negação de amor provisória, que só tem efeito imediato, na privação o objeto que falta ao Outro ganha existência e

Constituição do sujeito: neurose e psicose

peso. Trata-se aqui da privação materna; a mãe passa a ser marcada pela falta. Isso ocorre ao mesmo tempo em que se quebra a ilusão fálica da criança.

Do ponto de vista da criança, o fato de a mãe se ausentar mostra que ela tem outro desejo além da criança, mas a criança ainda acredita que há algo ou alguém que a completa. No entanto, as idas e vindas maternas fazem com que a criança se veja obrigada a questionar sua identificação com o falo, como único objeto de desejo da mãe.

Se algo da ordem do registro da falta neste ponto é negado, há um favorecimento de identificações perversas; uma ambiguidade quanto ao estatuto simbólico do pai, que aqui começa a se esboçar, pode levar a um tipo de evitação da castração em que é preciso fazê-la presente para melhor recusá-la.

Terceiro tempo

Do ponto de vista da criança, as idas e vindas da mãe são significadas do seguinte modo: se ela vai, é porque o pai a completa. Mas se ela volta é porque o falo – seja a própria criança, seja o pai (ainda que seja objeto do seu desejo) – não a completa. Ou seja, o falo não satura o desejo, não completa a mãe. É por essa razão que há alternância entre a presença e a ausência da mãe. A conclusão lógica é a impossibilidade de que alguém seja o falo.

Há uma mudança no estatuto do pai; se antes ele era terrível e onipotente, agora passará a ser permissivo e doador. Aqui, o pai *tem* o falo (não é o falo) e pode doá-lo. Diferente do que ocorria no segundo tempo, no qual o que estava em jogo era que o pai coincidia com o falo, e não que ele tinha o atributo fálico. Se no segundo tempo o pai era o rival da criança e, portanto, a própria encarnação da lei que se impunha à criança, no terceiro tempo ele é o suporte da lei. Agora o pai é potente e não mais onipotente.

Podemos dizer que o falo como objeto no segundo tempo tem estatuto imaginário; no terceiro tempo, simbólico. O falo só pode circular devido a seu estatuto simbólico, ao assumir um lugar na troca simbólica.

Ao perceber que a própria mãe, para satisfazer a criança, depende da lei que o pai introduz com seu desejo, descobre que o desejo de cada um está submetido à lei do desejo do outro. Assim, acontece um deslocamento da dialética do ser para a *dialética do ter*: ter o falo ou não. Trata-se da inscrição da falta em sua dimensão simbólica, a *castração*. O pai, aqui, ganha seu estatuto de depositário do falo. O pai real passa a ser representante da lei – e não a lei em si, como ocorria no segundo tempo –, a partir do momento em que a criança supõe que ele detém o objeto de desejo da mãe. Ao introduzir-se na dialética do ter, a criança acede à simbolização, o que marca o declínio do Édipo. Tendo sua certeza de completar a mãe abalada, a criança é forçada a aceitar não ser o falo e também não tê-lo, assim como a mãe. No entanto, percebe que pode desejá-lo e buscá-lo onde ele supostamente está, para então tê-lo. É aqui que surge o desejo, que é o correlato da falta instaurada pela castração. Esta é a incidência do complexo de castração: para que se possa tê-lo, precisa estar claro que não se pode sê-lo.

A criança percebe que o pai também não é o falo, já que ninguém pode sê-lo, mas que ele detém o objeto de desejo da mãe e, nesse sentido, tem o falo. A criança, como a mãe, pode desejá-lo e buscá-lo, via jogo identificatório, convocado pela dialética do ter. A partir daí o falo tem estatuto simbólico e circula. Essa passagem do ser ao ter é a prova mais manifesta da instalação da metáfora paterna e do recalque originário, que lhe é correlativo. O falo pode ser doado pelo pai à mãe, mas também à criança: aqui encontramos a saída do Édipo.

Constituição do sujeito: neurose e psicose

Metáfora paterna

A mudança de estatuto do pai imaginário do segundo tempo para o pai como suporte da lei do terceiro tempo é acompanhada de uma mudança no estatuto do próprio objeto. Se antes o objeto falo completava a mãe, agora isso não ocorre, ainda que esse objeto esteja ligado ao enigma do desejo materno. Por outro lado, a criança entende que isso que a mãe busca e deseja no pai pode ser buscado pela própria criança.

O falo é o objeto de desejo da mãe, mas que não obtura seu desejo. Aqui encontramos o estatuto simbólico do objeto – objeto não todo, relativizado na cadeia significante. Isso se aplica tanto ao falo quanto ao pai do terceiro tempo. Podemos dizer que enquanto o falo é aqui um objeto simbólico, o pai é esse que exerce função simbólica.

A função do pai é substituir o primeiro significante introduzido na simbolização, o significante materno – na verdade, do desejo materno. A simbolização só começa quando a criança situa a mãe como faltante, o que acontece, como vimos, no segundo tempo. Na medida em que a mãe simbólica surge no segundo tempo, surge também o x, enigma de seu desejo. O enigma é o significado de seu desejo, aquilo que faz com que a mãe vá e venha. Assim temos a seguinte relação significante:

$$\frac{\text{Desejo da mãe}}{\text{Significado para o sujeito (X)}}$$

Essa é a primeira parte da fórmula da metáfora paterna, que encontramos no texto *De uma questão preliminar a todo tratamento possível da psicose*[6], de Lacan. Ele faz aqui, como em outros de seus textos e momentos de seu ensino, um esforço para transformar o mito edipiano em matema, ir do mito à estrutura.

Na passagem pelo Édipo, o pai imaginário se apropria do significado do desejo da mãe de modo onipotente, como encontramos no segundo tempo do Édipo, colocando-se provisoriamente, do ponto de vista da criança, como resposta ao enigma do desejo da mãe. Assim, temos:

$$\frac{\text{Nome-do-pai}}{\text{Desejo da mãe}} \cdot \frac{\text{Desejo da mãe}}{\text{Significado para o sujeito}}$$

Por outro lado, em termos metafóricos o pai não pode ser o significado do desejo da mãe, pois se trata de dois elementos diferentes, o pai de um lado e o significante do desejo materno de outro. Lembremos que a metáfora é um significante que *substitui* o lugar de outro significante na cadeia. Ou, como diz Lacan, a metáfora "brota entre dois significantes, dos quais um substituiu o outro, assumindo seu lugar na cadeia significante, enquanto o significante oculto permanece em sua conexão (metonímica) com o resto da cadeia"[7]. Assim, o pai entra como um símbolo ou significante no lugar em que antes estava a mãe.

$$\frac{\text{Nome-do-pai}}{\text{Desejo da mãe}} \cdot \frac{\text{Desejo da mãe}}{\text{Significado para o sujeito}} \rightarrow \text{Nome do pai} \left(\frac{\text{A}}{\text{Falo}} \right)$$

O sucesso da metáfora tem relação com a elisão do desejo da mãe. O Nome-do-Pai substitui o desejo enigmático da mãe, introduzindo assim o significante fálico no lugar do Outro, como encontramos na parte final da equação. Assim, o Nome-do-Pai enlaça o desejo e a lei. Essa substituição significante implica uma nova significação, que é produto da metáfora paterna: o falo simbólico. O falo simbólico é, portanto, correlato do pai simbólico. A partir de então, o falo

Constituição do sujeito: neurose e psicose

deixa de ser o significado do desejo materno e passa a ser uma significação inacessível, que fica sob a barra do recalque.

Em suma, na saída do Édipo ocorre, portanto, a substituição do desejo da mãe pelo Nome-do-Pai. Essa *substituição* implica duas coisas: o recalque do desejo da mãe (que ficará articulado ao restante da cadeia significante no inconsciente) e uma nova significação que é o falo, mas um falo que deixou de ser o desejo da mãe e ganhou plenamente seu estatuto simbólico como produto da metáfora paterna. A partir do recalque implicado na substituição do desejo da mãe pelo nome-do-pai (recalque originário), o falo será um significado inacessível para o sujeito, sob a barra do recalque. É o que vemos no resultado da equação, que vem a ser a função paterna como função significante.

$$\frac{\text{Nome-do-pai}}{\cancel{\text{Desejo da mãe}}} \cdot \frac{\cancel{\text{Desejo da mãe}}}{\text{Significado para o sujeito}} \rightarrow \text{Nome do pai} \quad \frac{\text{A}}{\text{Falo}}$$

A função paterna terá diferentes significações em diferentes casos. Ou seja, o modo como o universal do Édipo irá se singularizar. É o que encontramos nas análises de neuróticos, nas quais é possível chegar ao significante-mestre de um sujeito como o significante do Outro – lembrando que em cada sujeito, esse significante será diferente.

O falo, em seu estatuto simbólico, passa a ser algo que o sujeito pode ter depois, a partir de uma identificação ao pai como aquele que tem o falo. O falo será, então, o significante recalcado do desejo materno.

$$\text{NP} \quad \frac{\text{A}}{\text{Falo}}$$

O resultado da substituição do desejo da mãe pelo Nome-do-Pai é a ordenação do Outro da linguagem a partir do significante recalcado do desejo (falo). Na passagem pelo Édipo, a interdição é condição do desejo. Do lado esquerdo da fórmula, vemos que a mãe é proibida pelo pai, o que faz com que a mãe se converta no objeto perdido que faz existir o desejo, tal como vemos do lado direito.

$$\frac{NP}{DM} \cdot \frac{DM}{X} \rightarrow \frac{NP\ (A)}{\Phi}$$

Após essa primeira passagem pelo Édipo, a criança tem consigo as condições para desempenhar, após o período de latência, suas funções sexuais no sentido amplo. Ou seja, não apenas as funções físicas, mas principalmente as funções simbólicas. A latência é efeito da metáfora paterna, uma "extensão" da cadeia significante na linguagem, na cultura. A cultura é, ela mesma, uma metáfora dos primeiros interesses da criança, como encontramos no texto freudiano sobre as pesquisas sexuais infantis. Freud aborda esse tema ao dizer que a curiosidade que surge no período de latência nada mais é que um desvio da curiosidade sexual infantil que foi recalcada.

O fim do Édipo tal qual discutimos até aqui promove o estabelecimento da identidade sexual. É importante deixar claro que a identidade sexual depende de um ordenador simbólico – o falo – e da posição do sujeito em relação a essa falo. Não se trata da anatomia do corpo no que diz respeito a ter ou não ter o pênis.

Notemos que essa que acabamos de discutir é a forma neurótica de organizar a sexualidade e a pulsão, mas há outras formas, como veremos.

A partir da instauração da metáfora paterna, inaugura-se a alienação do desejo na linguagem; o desejo torna-se

Constituição do sujeito: neurose e psicose

palavra, ou melhor, apresenta-se nos intervalos da cadeia significante. O 'desejo de ser' recalcado empurra a criança na direção do 'desejo de ter', o que por sua vez a força a buscar objetos substitutivos do objeto mítico supostamente perdido, aqui encarnado na mãe. Para isso, o desejo precisa se desdobrar em palavra e assim se perde cada vez mais na cadeia de significantes do discurso, nunca chegando à satisfação completa – que está perdida desde a instauração da linguagem. Por isso, permanecerá insatisfeito e ao mesmo tempo deslizando metonimicamente de um objeto substitutivo para outro, sem parada. Por outro lado, a instalação da metáfora paterna, é estruturante, afastando a criança do assujeitamento imaginário do desejo da mãe tal como encontramos no estádio do espelho, evitando que a criança fique presa como objeto de gozo de uma mãe onipotente. Essa barreira ao assujeitamento em que consiste a metáfora paterna confere à criança o estatuto de sujeito desejante.

Foraclusão do Nome-do-Pai

[...] o significante, o elemento da linguagem que Lacan denomina Nome-do-Pai é "não o pai natural", mas a intervenção "do que se chama pai" (Lacan, sem.3), ou seja, a imposição simbólica do Nome que articula uma linhagem familiar, uma série de gerações, uma narrativa, uma história – trata-se do nome que antecipa, ordena e perpetua a existência de alguém. Sujeito à forclusão de um tal elemento organizador, prescrito, como falante, deste direito, ao Nome-do-Pai, o que responde, para o psicótico, no campo da linguagem, no lugar onde se esperava tal ordenamento simbólico, é "um puro e simples furo (Lacan, De uma questão preliminar).[8]

Se alguma coisa fracassa no recalque originário, a metáfora paterna não advém. Não se trata da ausência do pai real, mas da metáfora paterna. Ou seja, não está em questão se a pessoa do pai existe ou não; trata-se da inscrição simbólica de uma função. Também não se trata da ausência dos significantes da constelação edípica, mas sim sua rejeição; eles estão lá, mas não operam. O que está ausente é a função, o funcionamento. É o não funcionamento da metáfora paterna que caracteriza a psicose.

Quando falamos em Nome-do-Pai, isso tem bastante a ver com a maneira como a mãe toma a palavra do pai e a transmite, ou seja, ao valor que ela dá à autoridade do pai na promoção da lei. Tem a ver, portanto, com a maneira como ela, mãe, viveu seu Édipo, se houve ou não para ela a inscrição da metáfora paterna, trata-se de como se deu essa inscrição, para que então ela possa transmiti-la ao filho. O modo como a mãe transmite a metáfora paterna também depende de algumas contingências, que lhe permitam operar essa transmissão.

A foraclusão do Nome-do-Pai compromete o acesso da criança ao simbólico; a criança fica presa à relação imaginária com a mãe. Quando falamos em comprometimento no acesso ao simbólico, isso significa que há níveis em que esse comprometimento pode se dar; **se não há acesso nenhum ao simbólico, não há sujeito, o que há é um pedaço de carne, um corpo sem significado algum – ou um animal**. Não é isso que acontece na psicose; há sujeito na psicose e, portanto, há acesso ao simbólico, já que o sujeito psicótico está fora do discurso e do laço mas está na linguagem, ainda que seja de um modo bastante específico (via metáfora delirante, por exemplo, como veremos adiante).

Na psicose, como não há amarração via Nome--do-Pai, que estabiliza neuróticos e perversos, o psicótico precisa construir uma metáfora delirante ou um *sinthoma*. Para construir a metáfora delirante, que faria suplência ao Nome-do-Pai ausente, o sujeito trabalha muito, um trabalho peculiar. Diferente do Nome-do-Pai, que é normatizante

Constituição do sujeito: neurose e psicose

e universal, a metáfora delirante é totalmente singular, tem que ser construída por cada sujeito psicótico.

O psicótico precisa, ele mesmo, criar e sustentar um saber, se autoengendrar, pois não pode contar com o pai simbólico, o "ao menos um que sabe", como pode o neurótico. Para o psicótico, é como se o lugar do pai estivesse vazio, então não cumpre essa função de ocupar o lugar do suposto saber, que permite ao neurótico descansar.

Caso clínico

Gisela teve sua primeira crise na adolescência, por volta dos 16 anos de idade. Essa crise culminou numa violenta passagem ao ato ocorrida poucos anos depois, em que se feriu gravemente. Foi diagnosticada como esquizofrênica, passou por poucas internações psiquiátricas, apenas uma ou duas, o que não fala de uma menor gravidade do que viveu, mas sim de uma opção pela utilização de recursos de tratamento extra-hospitalares sempre que isso foi possível. Depois disso, tratou-se em hospital-dia por longo tempo. Em um determinado momento, seu tratamento passou a se dar basicamente pelo AT.

Antes da crise, Gisela havia estudado. Tinha dificuldade nos estudos, chegou a ser reprovada em duas ocasiões, mas quase terminou o ensino médio. Conta sobre as amigas que tinha, mas fala também que era muito quieta, fechada, achava difícil se relacionar, segundo palavras suas. Dizia que desde criança sentia muita angústia, mas não sabia dizer isso para os outros. Sentia também medo das pessoas. Saiu com alguns rapazes durante a adolescência, era uma moça muito bonita, conta que era muito cortejada. Por um bom tempo desempenhou um certo "papel social" mais ou menos dentro dos padrões esperados para uma moça de classe alta da sua idade, apesar de alguns percalços. Estudava,

CLÍNICA DO ACOMPANHAMENTO TERAPÊUTICO E PSICANÁLISE

viajava com a família, saía com rapazes etc. Ou seja, por certo tempo de sua vida, conseguiu sustentar-se subjetivamente sem uma ruptura radical com este mundo que lhe apresentava uma série de dificuldades – como apresenta para todos, neuróticos ou psicóticos.

Quando a acompanhei, Gisela morava sozinha em seu apartamento; ela se ocupava em comprar objetos variados e "montar" seu apartamento com esses objetos, que eram desde pequenos potes e bonequinhos de cerâmica até miniaturas de garrafas de bebidas alcoólicas, CDs, quadros, luminárias, caixinhas de madeira e papel-machê, cinzeiros, taças, copos, objetos de artesanato, pequenos banquinhos, móbiles... enfim, uma série de objetos milimetricamente posicionados, que compunham um mosaico de inúmeras formas, cores e texturas por todo seu apartamento. Os CDs, por exemplo, não serviam para serem escutados – embora eventualmente até pudessem sê-lo, mas tinham uma função diferente do usual; ocupar determinados espaços de certas prateleiras. Uma parte dos copos e taças não servia para beber, mas para ficarem expostos em outra prateleira, cuidadosamente dispostos. Estes objetos desempenhavam cada um seu próprio papel na montagem intrincada e peculiar do apartamento, que lhe dava um aspecto ao mesmo tempo arrumado e atulhado.

Gisela sofria muito com a ideia de que os funcionários do prédio onde morava entravam no apartamento na sua ausência e danificavam seus objetos. Assim, se havia um lascadinho no canto de um quadro ou se a pintura de um boneco de barro não estava perfeita, ela se perguntava e me perguntava se haviam sido os funcionários do prédio que danificaram seus objetos. Ela me perguntava, intrigada: "como eles entram aqui? Será que eles têm uma cópia da chave?".

Constituição do sujeito: neurose e psicose

Pediu-me que fosse com ela contratar um chaveiro, para que colocasse uma chave tetra, aumentando a segurança da porta. Assim fizemos, e Gisela viveu dias de alívio, sabendo-se mais segura dentro de seu apartamento. Mas a tranquilidade durou pouco tempo, pois em breve ela começou a desconfiar que o chaveiro, que ficava próximo de seu prédio, tinha uma cópia da chave. Pediu-me então para acompanhá-la para contratar um chaveiro que se localizasse bem longe de sua casa, para não correr o risco de que ele não se sentisse tão tentado a ir até seu apartamento danificar seus objetos. Assim, colocou mais uma trava na porta de seu apartamento. Quando não havia mais saída para a angústia de invasão do apartamento, ela eventualmente pregava bilhetes na porta de seu apartamento pedindo aos seus algozes que não danificassem seus objetos.

Gisela também sofria com a ideia de que havia poucos objetos em seu apartamento. Dizia, apontando para o apartamento repleto de objetos: "Às vezes eu olho e parece que não tem nada no meu apartamento, parece que ele está vazio". Ao mesmo tempo, se preocupava com o momento em que não haveria espaço para colocar mais objetos no apartamento, mas para isso pensava numa saída que seria trocar alguns deles pelos novos que viesse a adquirir. Ás vezes, ela contava que imaginava alguns de seus parentes ou conhecidos entrando no seu apartamento; o que eles veriam, o que pensariam... ou então se comprazia de lembrar as visitas que já tinham vindo ao apartamento.

Toda vez que ia acompanhá-la, assim que chegava, Gisela me mostrava uma série de objetos do apartamento e me perguntava se estavam danificados. "Você acha que essa manchinha está muito feia?", perguntava, apontando uma pequena nódoa na parede. "Eles estragaram esse ímã de geladeira, olha só" ou "Será que essa bonequinha de barro já veio assim, com essa mancha de tinta?". Eu verificava com ela seu aparelho de som, a cadeira de rodinhas da escrivaninha, os spots de iluminação, as franjas do tapete da sala, a simetria de vários objetos. Às vezes, ela escrevia em um papel e me mostrava quando eu chegava o que desejava que eu verificasse junto com ela.

Eventualmente me ligava para contar sobre alguns objetos que a preocupavam, em algumas épocas com maior frequência, em outras mais raramente. Atualmente, ela mesma diz "ah, não aparece muito esse quebradinho no pote, né?".Espera a confirmação, mas ela mesma busca formular uma relativização da importância do dano que um objeto sofreu. Depois que ela me mostra o que pensa estar danificado ou manchado no apartamento, saímos para a rua.

No caso de Gisela, esta é a construção mais próxima de uma metáfora delirante que ela conseguiu fazer, depois de muito tempo. Não se trata de um delírio absolutamente estruturado, mas o tratamento que dispensa a seu apartamento cumpre a função de restituição imaginária, ao mesmo tempo em que o delírio com os funcionários do prédio e outros prestadores de serviço, como o chaveiro, cumpre função de metáfora delirante, de uma construção que a sustenta subjetivamente. Por outro lado, ela não pode descansar, pois se para de se ocupar com seu apartamento, nada garante que ele continue ali; é um apartamento constantemente sob ameaça de invasão.

Há uma dificuldade de discernimento dos limites do dentro e do fora e de como se dá a passagem de um lado para o outro. Isso não tem a ver com qualquer tipo de dificuldade cognitiva, de compreensão. Trata-se de uma questão de constituição narcísica que tem a ver com os limites dentro e fora desde a constituição destes limites em seu próprio corpo, em sua representação de si.

Constituição do sujeito: neurose e psicose

Como, por exemplo, quando me diz: "O meu vizinho do 5° andar me fez sentir coisas hoje." Pergunto: "Ah, vocês se encontraram?" "Não." "Então como foi isso?" "Ele me fez sentir coisas estando ele no apartamento dele e eu no meu. Essa coisa dentro do peito, esse calor que o homem faz a mulher sentir. Você sabe. Ele fez, mas quando será que ele vai fazer isso de novo? Será que não vai fazer mais? Queria que ele fizesse." Ela não está dizendo que pensou nele ou lembrou dele e sentiu um calor, como poderia dizer uma neurótica interessada por um homem, por exemplo, mas sim que *ele fez* ela sentir algo desde o apartamento dele. Isso não é simplesmente uma maneira de falar; foi assim mesmo que aconteceu, não há metáfora.

Ou então quando diz: "Você e o x sabem tudo o que eu penso, não sabem?". Frequentemente pensa que os outros fazem coisas no seu corpo. Tocam, olham, danificam. Os porteiros mexeram nela quando estava dormindo e por isso ela acordou com um arranhão no rosto. Houve um dia em que eu a fiz sentir dor de barriga. Pergunta às vezes se alguma parte de seu corpo vai cair, como se sua unidade e integridade corporal não estivessem garantidas, mas sim constantemente ameaçadas.

Gisela precisa cuidar do apartamento o tempo todo, ele depende integralmente dela. Nesse sentido, sustenta-o com seu corpo, literalmente. Além de pensar nele constantemente, ela mesma cuida de tudo, é também ela que mantém limpo; não gosta que outras pessoas mexam em suas coisas. Eventualmente, permite e até pede que eu mexa em alguma coisa, para verificar o quão danificado está, mas sempre sob sua supervisão. Tem um zelo extremo com seus objetos. É uma pessoa muito cuidadosa em geral, mas, principalmente com os objetos que estão neste apartamento. Fora isso, faz outras coisas, tem outros projetos, além de ter um apartamento maravilhoso.

Ela pinta quadros, tem aulas de pintura uma vez por semana. Sai para jantar, eventualmente encontra um amigo ou um rapaz que conheceu no hospital-dia e que já foi seu namorado há muitos anos. Cuida da casa, paga suas contas, faz o supermercado. Quando a acompanho, ela muitas vezes termina dizendo, surpresa: "nossa, quanta coisa a gente fez, né?". Às vezes enumera o que fizemos naquele dia e se impressiona. Já houve épocas, quando comecei a acompanhá-la, em que ela morava em outro apartamento e não queria sair de casa, às vezes nem mesmo de seu quarto, com medo que os funcionários do prédio entrassem no apartamento e danificassem suas coisas. Atualmente isso não acontece mais; ela se preocupa, fala de sua preocupação, diz sofrer com isso, mas esse sofrimento não a impede de sair de casa.

Por outro lado, o apartamento é uma ocupação constante e central: ela precisa sempre providenciar objetos bonitos para enfeitar sua casa e ao mesmo tempo sofre com a certeza de que os porteiros estragam os objetos que com tanto cuidado ela escolhe e dos quais cuida com tanto zelo. E sem saber ao certo como eles conseguem entrar (ela continuou sempre se perguntando, intrigada: "mas por onde eles entram?").

Nesse caso específico, não é à toa que ela se apoia em algo que tem uma forte vertente imagética, que tem a ver com o aspecto, a imagem do apartamento, sua montagem por uma infinidade de pequenas peças, como as peças de um quebra-cabeças. Importante notar que em quadros como esse há uma fratura na constituição narcísica do eu e, portanto, uma ameaça à unidade corporal desde sua constituição. O corpo é vivido como corpo esfacelado, fragmentado. É uma fratura que ocorre no estádio do espelho, o que desperta uma problemática relacionada à imagem corporal.

Constituição do sujeito: neurose e psicose

Não é surpreendente que a metáfora delirante que Gisela monta estivesse intimamente relacionada justamente com esta vivência de um corpo esfacelado e com a tentativa de conquistar alguma unidade por um lado e, por outro, com um delírio persecutório. A metáfora delirante que constrói dá notícias de uma paranoicização, efeito do tratamento.

8 O QUE FAZ UM AT NOS CASOS DE NEUROSE?[1]

PARTIMOS NESSE CAPÍTULO DA CONCEPÇÃO ESTRUTURAL DA CLÍNICA psicanalítica que vimos discutindo nos capítulos anteriores. Sabemos, portanto, que um sujeito pode se constituir através de três diferentes formas de negação da castração. Cada uma delas determinará uma estrutura clínica, quais sejam: neurose, psicose e perversão. No acompanhamento terapêutico, assim como na clínica psicanalítica, apenas sob transferência será possível levantar uma hipótese diagnóstica, que será importante para pensar um projeto terapêutico e uma intervenção. O projeto terapêutico não é um plano fechado, assim como não é definido pelo acompanhante terapêutico; o projeto terapêutico é fruto da escuta do at daquilo que é da ordem do sujeito do acompanhado e que leva em conta também a estrutura psíquica. O projeto terapêutico está intimamente ligado à direção de tratamento. Se a direção do tratamento é sempre evidenciar o desejo do sujeito do inconsciente, é preciso discutir como isso ocorre nas diferentes estruturas clínicas. O tratamento inclui elementos de sua direção que são diferentes na neurose e na psicose. Na neurose, fazemos furo, interrogamos o discurso do sujeito. Na psicose, a direção é justamente escapar do furo, do vazio. Na psicose, não podemos falar em "desejo" do mesmo modo que falamos na neurose, já que a passagem pelo Édipo implicou a não inscrição da falta simbólica (a castração) que teria como consequência o surgimento do desejo.

O AT surgiu como dispositivo de tratamento da psicose

no Brasil ainda na década de 1980, na linha do "secretário do alienado", tal como propõe Lacan no seminário 3. Com o passar do tempo, outras demandas começaram a chegar para o AT, para sujeitos em situações tão diversas como idosos com restrições na interação social, depressões, toxicomanias, anorexias, restrições causadas por questões de saúde, deficiência física e mental etc. Não estamos aqui falando de estruturas, mas sim de posições do sujeito, sintomas e momentos de crise. Podemos dizer que muitos dos sujeitos que sofrem das situações acima descritas têm uma estrutura neurótica.

As diferentes maneiras de estruturação psíquica vão ter implicações na relação que o sujeito estabelecerá com o Outro, ou seja, com o simbólico e, consequentemente, com o laço social. É devido à foraclusão do Nome-do-Pai que o psicótico se encontra em uma relação peculiar com o Outro e ao mesmo tempo fora do laço social: apesar de estar na linguagem, o psicótico está fora do discurso – e o que faz laço social são justamente os discursos. Desse modo, a indicação de AT na psicose comumente se dá a partir de um entendimento de que é possível e eticamente importante que o sujeito, respeitado em suas singularidades, possa fazer laço. O at entra como alguém que pode favorecer o laço social do psicótico.

Mas qual pode ser, ou quais podem ser as indicações do AT na neurose, dado que o neurótico já está incluído no laço social, uma vez que está normatizado pelo significante Nome-do-Pai?

A questão que se coloca, então, é se há indicação de AT nesses casos e o que o at pode fazer. Se na psicose o at pode funcionar como secretário do alienado ou bengala imaginária, qual é seu papel na neurose?

Se acolhemos os pedidos de AT na neurose, precisamos

O que faz um at nos casos de neurose?

pensar como tratar os sujeitos neuróticos que nos procuram. Até porque *acolher* a demanda é diferente de *responder* à demanda, o que pretendemos demonstrar. Para tratar, é preciso acolher a demanda, mas não necessariamente respondê-la.

Para responder à pergunta acima, é necessário discutir, ainda que brevemente, dois pontos essenciais da teoria psicanalítica: desejo e fantasia, elementos essenciais para entender o funcionamento da neurose. Depois disso, vamos falar da posição do at em relação ao acompanhado no caso do neurótico e o que pode nos nortear nesses casos.

Sabemos que, devido à saída do Édipo, não podemos falar em desejo no sujeito psicótico. Diferente disso, na neurose o desejo advém. O resultado do Édipo, no caso da neurose, é um sujeito desejante. O desejo advém por causa da falta instaurada pela castração. Podemos dizer: a castração é, inicialmente, a castração do Outro. Ou seja, o Outro não é completo, algo lhe falta. Se o Outro não é completo, eu também não sou. O desejo é o que permite ao sujeito que ele busque algo a partir da falta instaurada pela castração. O desejo é a própria metonímia, o motor do deslizamento de objeto em objeto, de significante em significante, que o sujeito empreende ao longo da vida. E o fato de ser metonímico já indica que o desejo não pode ser satisfeito.

Mas o que indica a direção do desejo? O que define onde ele vai buscar "preencher" essa falta impossível de ser preenchida? Onde ele busca esses objetos semblante de objeto *a*?

O desejo está intimamente ligado à fantasia, já que a fantasia é o suporte do desejo[2]. A fantasia é, ao mesmo tempo, uma ficção criada pelo desejo, que dá algum sentido onde não existe sentido, já que o desejo é simplesmente o resultado e ao mesmo tempo a expressão de uma falta. Assim, podemos dizer que a fantasia encobre o real da falta criada pela castração e indica a direção do desejo. Lacan escreveu a fórmula da fantasia assim: $\$ \lozenge a$, que indica a relação de junção e disjunção, aproximação e distanciamento, o modo como sujeito barrado (e, portanto, desejante) se relaciona com seu objeto, ou seja, como se posiciona em relação a esse objeto, como vai buscá-lo.

É essa estrutura da fantasia que determina, por exemplo, que um sujeito histérico se coloque no lugar de dejeto. Aqui, cito uma série de afirmações extraída das análises de sujeitos neuróticos: "para mim, nada nunca dá certo". Ou: "eu nunca encontro um namorado decente", "eu não tenho amigos, ninguém no meu trabalho se preocupa comigo, mesmo que eu chegue chorando". Do que esse sujeito está falando? Justamente do modo como ele se relaciona com seu objeto a: ele está no lugar do lixo, do dejeto, do que não funciona e não dá certo. Por quê? Porque lhe falta algo. Frente a esse "algo" que lhe falta, devido à castração, o sujeito histérico cria uma ficção na qual essa falta se lhe apresenta na forma de fracasso, de impotência. Ele foi injustiçado, pois algo muito importante não lhe foi dado por alguém, por isso ele fracassa. Ou seja, ele crê, por causa da fantasia – que funciona como uma lente através da qual enxerga o mundo – que a falta, nessas situações, é falta do namorado, do trabalho e é causada pelos outros, que não lhe dão aquilo que ele precisa... Se há um (ou vários) responsável por essa falta, então ela pode ser "resolvida". Mas o que se vê em uma análise é que o sujeito cria uma ficção da qual essas queixas são expressão – e, sem se aperceber, constrói seu próprio "fracasso", mantendo a impossibilidade de resolução: "O outro é que tem que se aproximar, afinal ele não vê que estou sofrendo?"; "Ah, eu sou

O que faz um at nos casos de neurose?

tímida, não consigo me aproximar dos outros."; ou "Eu que não vou sair para paquerar, parece que estou desesperada, o que os outros vão pensar?"; ou "Eu sou gorda, ninguém vai querer namorar comigo.". Nesses exemplos, o sujeito se desresponsabiliza e espera que o outro se compadeça e faça alguma coisa. Dessa forma, se mantém crente na fantasia ao mesmo tempo em que encobre a castração e a falta; é o outro que me faz faltante; se ele fizesse diferente, me desse o que preciso, a falta não existiria.

Lacan vai dizer que a fantasia é uma tela sobre o real. Ou seja, a fantasia funciona como uma tentativa de velar o real, uma "lente" através da qual cada um de nós vê a vida. É por isso que é complicado falar em "realidade", em "fatos" para a psicanálise, já que a realidade é sempre vista pela lente da fantasia de cada um. A fantasia faz série, tentando impor uma lógica ali onde não há lógica alguma, que é o campo do real.

Alienação/separação

Lacan fala das operações de alienação e separação, que se dão através de um *vel* que é expressão de um ou... ou, de uma escolha necessária entre o ser e o sentido, o que significa que uma das partes vai ter que ser excluída.

Já mencionei o desejo e como ele surge. E a fantasia? Como se estrutura a fantasia, por sua vez? Isso tem relação direta com as operações de alienação e separação. O que determina que a fantasia seja essa ou outra? Podemos dizer que há uma conjugação do contingencial, ou seja, dos *acontecimentos* na vida de um sujeito e da *leitura* que esse sujeito faz da demanda do Outro. Assim, podemos dizer que a fantasia se estrutura como uma resposta do sujeito ao que ele lê da demanda do Outro. No fundo, então, a fantasia é fruto da resposta que o próprio sujeito construiu para a pergunta que dirigiu ao Outro, que é: que queres?, tal como encontramos no grafo do desejo de Lacan. Isso porque o sujeito se constitui pela via da alienação no desejo do Outro, do qual depois vai precisar se separar.

Inicialmente, o sujeito vai tentar se orientar buscando completar o Outro, como vemos ocorrer no primeiro e no segundo tempo do Édipo. Assim, ele busca saber o que o Outro quer dele, para supostamente saber como deve ser, o que deve querer e fazer. Isso é o que chamamos de *operação de alienação*. O sujeito se aliena no que supõe ser o desejo do Outro para poder existir. É o que Lacan chama de uma *escolha forçada*[3]. Ele usa o exemplo do ladrão que pede "a bolsa ou a vida". Se um ladrão diz "a bolsa ou a vida" e você não dá a bolsa, perde as duas. Então, se vê obrigado a escolher dar a bolsa. Ou seja, o sujeito precisa escolher se alienar no desejo do Outro, para vir a existir como sujeito na linguagem. Ele tem que escolher entre o ser e o sentido. Para existir na linguagem, no sentido, ele abre mão da completude do ser, abre mão do instinto. O preço que paga é a alienação no desejo do Outro, ou seja, só saber de si através do Outro no qual se aliena. Acontece que, como estamos falando de um sujeito, a coisa não é tão preto no branco e o sujeito vai se separar conforme se dê conta de que o Outro é faltante e de que não consegue completá-lo. À essa separação corresponde aquilo que ocorre no terceiro tempo do Édipo.

O sujeito alienado no Outro (pouco a pouco) percebe, a partir das presenças e ausências que esse Outro – e aqui nos referimos ao Outro primordial, com frequência encarnado pela mãe – a despeito de seus esforços, não o completa: fracassa em ser seu falo. A criança se dá conta de que o Outro é faltante, ou seja, de que a mãe é desejante, apesar de seus esforços em obturar a falta materna, tamponar

O que faz um at nos casos de neurose?

seu desejo. A impossibilidade que a criança percebe de corresponder completamente ao desejo da mãe, instaura nela a pergunta: afinal, o que ela quer? A primeira resposta parece ser: ela quer o pai, o termo que faz com que a mãe se ausente para a criança. Entretanto, a criança percebe que também o pai não completa a mãe, pois ela retorna à criança, se faz novamente presente para ela. É aí que a interrogação ganha maior dimensão: "se não é a mim nem a ele, o que ela quer afinal?". O desejo da mãe torna-se então um *enigma* para a criança.

O enigma insolúvel diz respeito à independência do desejo da mãe com relação ao desejo da criança, ou seja, os dois desejos não se recobrem. A criança não satura o desejo da mãe. Essa independência marca uma ruptura que é justamente o que dá origem ao objeto a, esse resto que se produz quando se rompe a suposta unidade formada pela mãe e pela criança e que, ao mesmo tempo, atesta sua existência (ilusória) no passado. Assim, a criança, agora sujeito dividido e separado do Outro, pode manter a ignorância da sua divisão relacionando-se com esse objeto. Eis aqui a fantasia, tal como concebida por Lacan e expressa pelo matema $\lozenge a$. O modo como o sujeito se relaciona com o objeto a na fantasia caracteriza sua posição frente ao desejo do Outro. Nas palavras de Fink, "O objeto a é o complemento do sujeito, um parceiro fantasmático que sempre desperta o desejo do sujeito."[4]. A relação com o objeto a, objeto da fantasia, produz um gozo que é da ordem do gozo fálico. Nesse sentido, tal gozo vem substituir o gozo mítico da unidade mãe-criança, dessa suposta completude que foi perdida.

Mesmo separado do Outro, o sujeito – através da fantasia – continua em certa medida tentando se nortear pelo desejo do Outro, seguir aquilo que pensa, de modo inconsciente, serem suas indicações. O sujeito tenta fazer coincidir o desejo do Outro com sua demanda, pois do desejo, nada se sabe, ele é marginal em relação ao simbólico, devido à sua estrutura de vazio. Por outro lado, sobre a demanda, como veremos, é possível saber algo.

Retomemos a constituição do desejo por um outro viés, que se sobrepõe ao Édipo e que vai deixar mais claro o que está em jogo na demanda. Isso é importante, porque, para dirigir o tratamento na direção do desejo, vamos precisar manejar a demanda. Isso é verdade tanto no consultório quanto no caso de um AT.

Necessidade, demanda e desejo

Podemos situar o registro da necessidade como a dimensão mais animal do humano, no sentido de que haveria um objeto específico do meio que satisfaria sua necessidade. Nesse sentido, a necessidade é correlata do instinto: há um objeto específico de satisfação. A fome precisa ser saciada com alimento. Para o cansaço, a saída é dormir.

Todavia, o homem sai do registro da pura necessidade uma vez que é atravessado pela linguagem, uma vez que fala; a partir daí, funciona no registro da pulsão e não mais do instinto. Isso é correlato à passagem da necessidade à demanda e ao desejo.

Sabemos que por razões inicialmente instintivas, ligadas a uma tensão interna, o bebê chora. Inicialmente, o Outro primordial, encarnado pela figura da mãe ou de alguém que exerça a função materna, significa o choro do bebê como um apelo. Por exemplo, a mãe dirá que ele está com fome. O bebê está em um estado de necessidade, mas ele mesmo não tem nenhuma representação psíquica do que isso seja, precisa de um Outro que instaure uma significação para seu choro. Esse Outro entende que o bebê está com fome e

O que faz um at nos casos de neurose?

o alimenta, satisfazendo assim a necessidade. Entretanto, alimentando-o, também cria uma demanda – a demanda de satisfação. Essa demanda se origina na necessidade, mas já é diferente dela. A demanda de satisfação já passa pela linguagem, já é uma introdução no mundo dos significantes. Assim, respondendo ao que supõe ser a necessidade do bebê, a mãe cria nele a demanda. A demanda surge a partir dos traços mnêmicos dessas primeiras experiências de satisfação que inicialmente vão instalar o registro pulsional e depois, em um segundo momento, o registro pulsional substituirá o instinto, já não haverá mais instinto. Lembremos que a pulsão é a expressão no corpo de que há um dizer, ou seja, a pulsão é a presença da linguagem no corpo. Dessa forma, conforme se instaura o registro pulsional, já não há mais necessidade pura, mas sim uma necessidade permeada pelo significante, que será a demanda.

É por isso que dizemos que a mãe é o Outro primordial da criança; é ela que introduz a criança na linguagem a partir da leitura que faz de seu corpo e de suas reações – que, por sua vez, estão permeadas pelo desejo da própria mãe.

É entre a necessidade e a demanda que surge o desejo, que é esse movimento de busca do reencontro das primeiras experiências de satisfação. O desejo desliza buscando objetos de satisfação. Acontece que o primeiro objeto de satisfação é mítico, nunca existiu enquanto objeto. Freud propõe que o objeto perdido é a mãe, enquanto Lacan dirá que o objeto perdido nunca existiu, encarná-lo na mãe é já uma tentativa de lhe oferecer materialidade; esse objeto é a expressão de uma suposta completude mítica anterior ao estado de necessidade. Por isso, podemos dizer que não existe satisfação do desejo na realidade.

O desejo está fora do significante, tem a estrutura de um hiato, de uma hiância, é a demanda que nos permite

CLÍNICA DO ACOMPANHAMENTO TERAPÊUTICO E PSICANÁLISE

inferi-lo, funcionando como um vetor que aponta para o desejo. Atender a uma demanda significa dar ao sujeito o objeto que ele pede, suposto por ele, inconscientemente, como substituto do objeto mítico de satisfação. Esse objeto que satisfaz a demanda tampona o desejo, que permanece como que "escondido" pela satisfação da demanda. Disso se conclui que, atender à demanda é entrar no engodo da possibilidade de satisfação plena, engodo esse que escamoteia o desejo; desse modo, se atendemos uma demanda, o desejo não aparece.

Demanda e intervenção do at

Assim como em um processo de análise, no AT não devemos responder à demanda do sujeito neurótico, pois, com isso, impedimos a emergência do desejo, que pode aparecer justamente quando a demanda – que é, ao fim e ao cabo, sempre demanda de amor – não é respondida. No AT, assim como em uma análise, o desejo, que tem caráter metonímico, aparece através do dito do sujeito e faz emergir também a sua falta[5].

Quando se responde contínua e completamente àquilo que o sujeito demanda, como no exemplo: "cuide de mim, em minha casa, para que eu não precise mais sair à rua", não há espaço para o sujeito questionar sua própria demanda. Faz-se necessário descontinuar a demanda neurótica, descompletá-la para que o sujeito possa se movimentar em direção ao seu desejo. Paradoxalmente, se responde à demanda, a própria continuidade do trabalho do AT pode, por vezes, paralisá-lo, mantê-lo distante do questionamento e da mudança de sua posição subjetiva. Por conseguinte, há nesses casos o risco de uma completude imaginária entre acompanhado e acompanhante que pode até mesmo inviabilizar o surgimento de efeitos terapêuticos

O que faz um at nos casos de neurose?

no AT.

Assim como ocorre em uma análise, a partir do estabelecimento da transferência, o que o sujeito demanda inicialmente (mitigar seu sofrimento, por exemplo) se transforma
em demanda de amor através da qual o sujeito resiste,
mantendo-se alheio a seu desejo. Nesse sentido, pode haver
o risco de fortalecer a resistência ao se manter um AT e, nesse
caso, trabalharemos na contramão da ética da psicanálise.
Situa-se aí um grande perigo do nosso trabalho. Se os riscos
de responder à demanda de amor estão presentes em um
atendimento tradicional do psicanalista em seu consultório, são ainda maiores e podem estar camuflados pelo
"enquadre ambulante" do AT. Além disso, pode ser mais
difícil fazer cortes que possibilitem ao sujeito se implicar com
suas queixas.

Vinhetas de casos clínicos

Em relação a isso, um exemplo: recebemos em nossa
equipe de AT o pedido de um analista, solicitando AT para
um analisante. O analista havia recebido uma ligação desse
analisante, que por diversas razões, não conseguia mais sair
de casa. Por isso, não ia também à análise, havia cerca de
três meses. Pediu, então, ajuda ao analista, que pensou no
dispositivo do AT para acolher tal demanda. Ao entrar em
contato com o at, o analista explicou que se tratava de um
momento crítico de quadro de depressão severa e, portanto,
decidiu acolher o pedido de ajuda de seu analisante com a
alternativa de um AT. Entendemos que se o analisante pediu
ajuda e não conseguiu ir à análise, seria necessário escutar
o que estava em jogo, momento em que um at poderia
entrar em cena. Além disso, a forma como o contato foi feito
impossibilitou detalhamentos sobre o analisante. Por isso,
fazia-se necessário avaliar se o AT seria realmente indicado.

Isso só poderia ser feito se o at encontrasse o sujeito em questão para escutar do que se tratava aquele pedido. É preciso acolher o pedido que nos chega, pois não há como identificar previamente a estrutura subjetiva em questão, se trata-se de uma neurose ou uma psicose ou mesmo o que está em jogo em cada situação. A demanda é acolhida inicialmente para posteriormente poder ser tratada – mas não necessariamente respondida.

Assim, essa demanda foi prontamente acolhida. Entretanto, os primeiros contatos entre acompanhante e acompanhado logo mostraram que se tratava de um sujeito histérico em crise e que sustentar o dispositivo do AT por muito tempo seria responder maciçamente à demanda desse sujeito, que, para além de seu sofrimento, fazia pedidos de acolhimento e cuidados intensivos. Responder à essa demanda em sua totalidade seria acreditar que este sujeito precisava de cuidados em sua casa, o que não era o caso. Atendê-lo exatamente como o acompanhado pedia seria uma forma de desresponsabilizá-lo de seu sintoma e impossibilitá-lo de buscar uma saída para sua situação, bem como de fazer advir o desejo inconsciente que está escamoteado pela demanda maciça de ser cuidado. Assim, era importante não responder à demanda, no sentido de atendê-la plenamente.

Entrevistas preliminares

Em um outro AT, podemos perceber situação semelhante. Trata-se de um pedido de acompanhamento para alguém com depressão e dificuldades de circular socialmente e identificada como uma "acumuladora". A demanda, clara já no primeiro encontro, explicitada pela própria acompanhada, era de que a at pudesse organizar e limpar a sua casa, livrar-se dos mais diversos objetos que a acompanhada acumulava.

O que faz um at nos casos de neurose?

Prontamente, a at sugere uma inversão: antes de pensarem na organização e limpeza da casa, propõe que pudessem falar a respeito daquilo, ou do que fosse mais importante para a acompanhada. Aos poucos, juntas, poderiam pensar no que fazer com a desordem da casa. Novamente, responder à demanda da acompanhada e passar imediatamente a limpar a casa a cada encontro, seria impedir o aparecimento da fala e, com ela, daquilo que apontava para o desejo inconsciente. Com o acolhimento do pedido de AT, mas com o simultâneo oferecimento da possibilidade de fala e com o corte processado nessa demanda, após alguns encontros a acompanhada sugere que a AT possa acompanhá-la, como "testemunha" de que ela própria jogaria fora alguns dos objetos há tanto tempo ali guardados. A demanda foi acolhida, na medida em que a at se dispôs a encontrá-la semanalmente em sua casa, mas não foi respondida, pois a proposta era que o sujeito pudesse falar sobre seu sintoma, ao invés de se calar e passar a organizar objetos acumulados na casa.

A partir dessas e de outras situações, levantamos a seguinte questão: se por um lado pode haver o risco de fortalecer a resistência na manutenção de um at, por outro lado, o AT na neurose poderia funcionar como as entrevistas preliminares em uma análise?

Quinet[6] destaca que as entrevistas preliminares possuem as funções de estabelecer um diagnóstico (que determinará a direção do tratamento), estabelecer a transferência ao mesmo tempo em que, através do oferecimento de escuta do analista, o sujeito possa transformar sua demanda inicial de amor em uma demanda de análise. Isso faz com que ele passe a interrogar seu sintoma (e suas queixas), tornando-o um sintoma analítico. Além disso, tal interrogação contribui para o processo de retificação subjetiva, ou seja, um reposicionamento que aponta para a implicação do sujeito com sua queixa, como propõe, por exemplo, a pergunta de Freud a Dora: "qual a sua participação na desordem da qual você se queixa? ".

Em uma das vinhetas clínicas relatadas, ao final do último encontro, a acompanhada da primeira das duas vinhetas clínicas aqui propostas diz que a at havia feito ela pensar em muitas coisas. Coisas que, agora, ela precisaria continuar pensando em sua análise.

Assim, aventamos a possibilidade de que a presença do at nos casos de neurose se daria em momentos críticos e sua função possível seria a de causar desejo de mobilização para a formulação de uma questão de análise, enigma a ser decifrado. Um desejo de saber mais sobre o inconsciente. Caberia ao at, portanto, apostar que a oferta de escuta produziria uma demanda que pudesse estruturar o tratamento analítico do sujeito, para além deste dispositivo clínico e em direção à análise.

9 DIREÇÃO NO TRATAMENTO NA PSICOSE: SINTHOMA E SUBLIMAÇÃO[1]

QUAL PODE SER A DIREÇÃO DO TRATAMENTO QUANDO TOMAMOS AO nosso encargo o AT de um sujeito psicótico? Essa é uma questão que se apresenta desde que tomemos o at não como um mero "fazedor", mas como alguém que se propõe a tratar desse sujeito. Nesse sentido, a proposta lacaniana de *sinthoma* pode nos ajudar. Ela pode ser tomada como uma direção de tratamento, bem como a metáfora delirante na medida em que ambas sejam possibilidades de estabilização de um sujeito psicótico. A sublimação vem somar-se a essas e outras possibilidades de estabilização, embora não seja uma amarração dos registros psíquicos que estariam disjuntos na psicose, eis essa nossa hipótese.

Para chegar ao *sinthoma* e à sublimação, faremos um percurso que começa no desencadeamento da crise psicótica e em suas possíveis estabilizações ou soluções. Já adiantamos que o *sinthoma*, além de possibilidade de estabilização, é também uma suplência ao Nome-do-Pai foracluído na psicose. Em seguida, discutiremos o não-desencadeamento e sua relação com o *sinthoma*, para finalmente incluir a sublimação na discussão.

As questões centrais desse capítulo são, portanto:

1) qual a importância da criação singular do sujeito para o tratamento da psicose e como o at pode acompanhar esse movimento de criação?

2) se o *sinthoma* é um saber fazer que pode estabilizar, não

está em jogo aqui também a sublimação?

Antes de tudo, é importante diferenciar estabilização de suplência, noções que comumente são igualadas:

Fig. 1 - LÓGICA DAS TERMINOLOGIAS
1. Estabilizações = soluções
2. Suplência = amarração
3. Sinthoma

A estabilização pode se dar de várias formas, não necessariamente por uma suplência. Uma passagem ao ato pode estabilizar, mesmo que de forma precária. Efetivamente, é comum que a passagem ao ato seja uma tentativa de estabilização. A transferência com um analista ou com uma instituição pode também ser um elemento estabilizador para um sujeito psicótico. Já a metáfora delirante seria também uma possibilidade de estabilização. Nesse caso, trata-se, além de uma possibilidade de estabilização, de um tipo específico de suplência, que permitiria suprir a amarração ausente dos três registros psíquicos, real simbólico e imaginário, ali onde o Nome-do-Pai foi foracluído. Por fim, o *sinthoma* seria um outro tipo de suplência, diferente da metáfora delirante e de outras possibilidades de enodamento dos três registros psíquicos, como vemos no esquema de Guerra[2], acima.

Mas o que precisa ser estabilizado? De forma resumida, podemos dizer que é a relação do psicótico com o significante e com o gozo. A foraclusão promove uma invasão de real,

Direção no tratamento na psicose: sinthoma e sublimação

que é invasão de gozo vivida pelo sujeito psicótico na crise. Na neurose, o Nome-do-Pai e a fantasia daí decorrente recorta, circunscreve o gozo, de modo que o sujeito não seja invadido por ele. Na psicose, com a foraclusão, não há esse recorte e o sujeito psicótico fica à mercê da invasão de real, sem barreiras. O delírio é uma tentativa de lidar com essa invasão de gozo. As tentativas de estabilização são buscas de articular esse gozo com a linguagem.

Primeiro momento da teorização lacaniana sobre a estabilização na psicose

Enquanto na neurose o sintoma é uma metáfora, na psicose não se trata disso. Se a metáfora permite "fixar" significante e significado, se funciona como ponto de basta, que organiza de certo modo o gozo, não é isso que ocorre na psicose. Na psicose, há ausência de metáfora no sintoma e também de metáfora paterna. Aliás, se tomarmos o sintoma como o propõe Lacan, ou seja, como uma metáfora, então não há sintoma na psicose. Isso não significa que o psicótico é incapaz de abstração, pois isso seria incorrer em um julgamento de valor, que colocaria o psicótico como deficitário. Nada mais contrário à ética da psicanálise tal como proposta por Lacan, na medida em que toma a psicose com uma das três estruturas psíquicas, tomando o cuidado de sublinhar que não existe uma estrutura psíquica melhor ou pior do que a outra: se trata de estruturas diferentes, que se constituem a partir de formas diversas de negação da castração. Assim, é coerente dizer que a foraclusão do significante paterno promove um funcionamento mais literal em certos aspectos – principalmente aqueles ligados ao significante paterno foracluído. Lembremos novamente que o psicótico está na linguagem, apesar de estar fora do discurso, ou seja, há simbólico na psicose, embora ele opere de modo diferente nessa estrutura devido à ausência de amarração dos registros.

Como vimos no capítulo "Constituição do sujeito: neurose e psicose", a Metáfora paterna dá significação ao ser do sujeito; a substituição do Desejo da Mãe pelo Nome-do-Pai é uma substituição metafórica que instaura a significação fálica e introduz uma dialética fálica no imaginário, produzindo aí um remanejamento.

$$\frac{\text{Nome-do-pai}}{\text{Desejo da mãe}} \cdot \frac{\text{Desejo da mãe}}{\text{Significado para o sujeito}} \rightarrow \text{Nome do pai} \left(\frac{A}{\text{Falo}}\right)$$

Na foraclusão, não há a substituição do Desejo da mãe pelo Nome-do-Pai. A foraclusão do Nome-do-Pai é constante, ou seja, uma vez que ela tenha ocorrido em um momento inicial da constituição, essa ocorrência se mantém ao longo da vida do sujeito. No entanto, os fenômenos da psicose são descontínuos. Ou seja, apenas a foraclusão não é suficiente para o desencadeamento da psicose. Um sujeito psicótico pode se manter estável e assim não ter um surto psicótico, por exemplo, na medida em que não seja submetido às injunções ou na medida em que alguém responda por ele às injunções paternas. É o que podemos supor que aconteceu com Schreber: uma vez que seu irmão e sua mãe definiram qual seria sua profissão, a mulher com quem deveria se casar etc., Schreber não precisou, até a idade de 42 anos, responder simbolicamente à uma injunção paterna, ou seja, não precisou responder a nenhuma convocação simbólica que poderia desencadear a crise por obrigar o sujeito a se deparar com a castração e com a consequente ausência de inscrição do Nome-do-Pai.

Direção no tratamento na psicose: sinthoma e sublimação

Há algumas situações que mais comumente levam ao desencadeamento da psicose: as situações que remetem o sujeito à procriação, ao amor e à falta e à culpa – muitas vezes, a morte de alguém. A crise, desencadeada a partir da foraclusão somada à uma dessas situações, abre um furo no significado, produzindo a dissolução do imaginário. Ou seja, a bengala imaginária na qual o sujeito se amparou até aquele momento deixa de funcionar. É o que podemos supor que aconteceu com Schreber ao ser nomeado legislador pelo imperador Francisco José, quando contava 42 anos de idade. Foi apenas nesse momento que eclodiu o surto psicótico de Schreber.

Frente à desestabilização, o psicótico pode buscar uma metáfora de compensação, de substituição, como a metáfora delirante, que implica um ideal (por exemplo, ser a mulher de Deus, como Schreber, ou apresentar o mundo para Deus, como Arthur Bispo do Rosário) e, portanto, atua no imaginário que pode então novamente se estabilizar. Essa suplência funciona do mesmo modo que o que "segurou" o psicótico antes da crise – por exemplo, Schreber, cuja suplência antes da crise teria sido uma identificação com o lugar do desejo da mãe. Assim, ocupar o lugar de falo para a mãe, essa posição ideal (1) o estabilizava do mesmo modo que a metáfora delirante passou a estabilizar depois da crise, quando formula ser a mulher de Deus.

Nesse primeiro momento da teorização das psicoses, a ênfase de Lacan está na articulação entre Simbólico e Imaginário. No entanto, a partir de 1966, enfatizará a relação do Simbólico com o Real, na medida em que passará a definir o sintoma não mais como função do significante, mas sim de gozo com a letra, sendo o gozo da ordem do Real.

Segundo momento da teorização lacaniana sobre a estabilização na psicose

Nesse segundo momento teórico, Lacan[3] vai falar da estabilização de Joyce[4], superior à de Schreber e com essa ideia, de que são possíveis diferentes maneiras de estabilização, passa a falar em nomes-do-pai, no plural e com minúscula. Isso evidencia que a função estabilizadora do Nome-do-Pai pode ser exercida por diferentes nomes. Rabinovich[5] pensa a publicação de uma obra, no caso da psicose, na linha do *fazer-se um nome*. Tratar-se-ia de um dentre os possíveis Nomes-do-Pai, conforme discutidos por Rabinovich, a partir de Lacan, quais sejam: o Complexo de Édipo, a Realidade Psíquica, o *Sinthoma*, o Fazer-se um nome e O ego[6]. Segundo esta autora, todos eles podem funcionar como o quarto enodamento dos três registros, Real, Simbólico e Imaginário, o que vai variar é a maneira como se dá esse enodamento. Desse modo, todos esses nomes do pai com exceção do *sinthoma* se situariam em (2) no grafo acima.

Enquanto a metáfora delirante seria uma estabilização pela via do Simbólico, no caso do *sinthoma* tal como proposto por Lacan em seu seminário 23, a estabilização se daria pelo real, através do gozo da letra, gozo autista, fechado em si mesmo, ao mesmo tempo em que paradoxalmente, implicaria em um laço social, como vemos em Joyce pela via da literatura. Por isso se escreve (tomando o real da escrita) "sinthoma" com "h", mas não se pronuncia o "h" ao se falar (simbólico). Como o "h", o *sinthoma* está lá, no Real, mas não pode ser simbolizado, não se escuta o h ao se falar embora ele esteja lá[7].

No seminário 23, o uso da topologia está presente no que podemos chamar de teoria dos nós de Lacan. Ele

Direção no tratamento na psicose: sinthoma e sublimação

se utiliza de barbantes, fios que encontram seu valor nas propriedades e relações que guardam, e não no material com o qual são feitos. Como recorda Harari[8], o que define o nó não é o empírico – se ele é feito com elásticos, com cordas etc. O que importa são os sistemas de relações formais que estão em jogo no nó, entre os elementos que o compõem.

Lacan inicia sua discussão desde o nó de três, oriundo de desenvolvimentos do campo da matemática. Faz uso desse nó para problematizar seus registros, Simbólico, Imaginário e Real, que passarão então a nomear cada um dos três aros do nó borromeano. É importante notar que nenhum dos três registros tem primazia sobre os outros, e isso é uma das indicações precisas que o nó borromeano transmite, já que sua principal propriedade diz respeito ao fato de que, uma vez que qualquer um dos aros se solte, como consequência os outros dois também vão se separar. Ou seja, o nó só funciona enquanto os três elos permanecerem atados uns aos outros.

Ele introduz o quarto termo que enoda o nó borromeano, de tal modo que fará com que os outros três permaneçam atados. Chamará esse quarto elo, que tem a propriedade de unir os outros três, de *sinthoma*: "o quarto [termo] será o que enuncio este ano como o *sinthoma*"[9], discussão que leva adiante a partir da obra do escritor irlandês James Joyce, interrogando a arte de Joyce, sua escrita e a função de amarração do quarto termo que a escrita joyceana teria para seu autor[10]. "O problema todo reside nisto – como uma arte pode pretender de maneira divinatória substancializar o *sinthoma* em sua consistência, mas também em sua ex-sistência e em seu furo?"[11]. É importante notar que a introdução do quarto termo implica em que se desatem os três anteriores primeiro para, apenas posteriormente, reatá-los, de tal modo que passará a ser o quarto elo que enodará os outros três. Apenas assim teremos o nó borromeano atado pelo *sinthoma*, o nó de quatro elos. Harari[12] enuncia que o desenlace e posterior reenlace do nó com a introdução do quarto termo é o equivalente ao final de análise. Entretanto, é importante notar que, no caso de Joyce, não é de análise que se trata – ele nunca se analisou, já que era um "desabonado do inconsciente". O que podemos encontrar em Joyce a partir das elaborações lacanianas são as coordenadas do que ocorre no final da análise, já que ele, através de sua escrita (e prescindindo da análise), introduziu o quarto termo.

Mais à frente, Lacan dirá que "O que proponho aqui é considerar o caso de Joyce como respondendo a um modo de suprir um desenodamento do nó."[13]. O que cumpriria essa função de suplência? Encontramos a indicação que, para além de sua escrita, é o nome próprio de Joyce que desempenha essa função, a partir da publicação de seus escritos. "Seu desejo de ser um artista que fosse assunto de todo mundo, do máximo de gente possível, em todo caso, não é exatamente a compensação do fato de que, digamos, seu pai jamais foi um pai para ele?"[14]. Ou, dito de outra maneira, "[...] ao se pretender um nome, Joyce fez a compensação da carência paterna"[15]. A carência paterna de Joyce referida por Lacan, portanto, poderia ser compensada por sua escrita, por fazer-se um nome, publi-cando sua obra.

O *sinthoma*, sendo ele mesmo uma produção do sujeito, é necessariamente uma produção singular, em opo-sição ao Nome-do-Pai, que seria uma amarração universal, ligada à lógica fálica. Sendo singular e ao mesmo tempo sustentando o sujeito, o *sinthoma* se faz a partir de um traço inegociável do qual não se pode fugir. Como aponta Harari[16], aqui está em jogo o caráter ético do *sinthoma*, já que essa

Direção no tratamento na psicose: sinthoma e sublimação

singularidade do *sinthoma* será sustentada – e sustentará o sujeito – a partir de sua irredutibilidade.

Ao promover seu nome – antes mesmo de ter escrito seus livros, James Joyce buscou editores para suas futuras obras, já se considerava escritor e artista – Joyce, ao se deparar com "ter que ser o falo", responde sendo o Artista (e não a Mulher, como Schreber). Assim, ele se fez pai de seu próprio nome, Pai do Nome. Eis aqui um ponto de basta que não é uma metáfora e que está ligado a um fazer no real – o *savoir-faire*, saber fazer. Esse *savoir-faire* de Joyce o estabilizou de tal modo que ele nem mesmo chegou a ter uma crise.

O *sinthoma* é uma solução particular do sujeito, que pode ou não se produzir a partir de uma análise. O *sinthoma* não é o sintoma; enquanto o primeiro é uma invenção que prescinde do Nome-do-Pai, o segundo é uma ocorrência intrínseca àquele. Embora o *sinthoma* seja com frequência trabalhado na esteira de uma suplência possível na psicose, apresentada por Lacan em seu seminário de 1975-1976, ele mesmo indica que essa não seria uma saída apenas para a psicose, na medida em que o *sinthoma* seria também uma invenção que reduziria o sintoma neurótico[17].

Podemos dizer que o *sinthoma* tem a ver com saber fazer com o inconsciente e com o Real. Não é metafórico, como o sintoma neurótico. É literalmente um saber fazer que faz função de estabilização. No caso de Joyce, a tal ponto que ele nunca teve uma crise. Lacan tem como hipótese que se tratava de um psicótico, apesar de nunca ter surtado, principalmente por dois motivos:

1) o abandono do corpo próprio: em *O retrato do artista quando jovem*, livro de caráter autobiográfico, a personagem, Stephen, é surrada por um grupo de rapazes;

não há ódio após a surra, apenas uma dissociação disso que era seu corpo; ele fala de si como "um fruto despojado de sua pele" para descrever esse estado em que o imaginário se desprende. Tal é sua indiferença narcisista ao próprio corpo que é como se não houvesse corpo próprio.

2) a escrita de Joyce é uma escrita fora do sentido – ou seja, o imaginário também é expulso de sua escrita, que se caracteriza então por um jogo do Real (da escrita) e do Simbólico (dos significantes). Os fenômenos elementares da psicose também se dão na intersecção do Real e do Simbólico. O Simbólico que se torna Real é a definição lacaniana de psicose desde seu ponto de partida (o que foi foracluído do simbólico retorna no Real). Assim, na psicose e em Joyce teríamos de um lado o Imaginário e do outro o Real e o Simbólico. O delírio, como proliferação imaginária, é justamente uma tentativa de dar conta dessa desarticulação do imaginário em relação aos outros dois registros[18].

Em suma, haveria em Joyce uma soltura dos registros, que foi suprida por sua escrita, mas deixou marcas nela.

Sublimação para Freud

A sublimação é um dos quatro destinos da pulsão enunciados por Freud em seu artigo *Os instintos e suas vicissitudes*, de 1915. A sublimação é abordada por Freud em diferentes textos e com diferentes estatutos desde os primórdios da psicanálise, até chegar em sua definição mais acabada em 1922, no texto *Teoria da Libido*.

De modo muito sucinto, para Freud, a sublimação inclui uma dupla mudança da pulsão: de meta e de

Direção no tratamento na psicose: sinthoma e sublimação

objeto. Ela pode ser definida como a mudança da meta de satisfação diretamente sexual para uma satisfação indireta e uma mudança do objeto sexual para um objeto socialmente reconhecido. Assim, por exemplo, ao invés de viver uma história de amor, escrevo poemas, crio uma nova forma de satisfação a partir do desejo não satisfeito de forma direta. Importante notar que a sublimação não é uma opção deliberada, mas sim uma ocorrência que tem determinações inconscientes. A sublimação estaria na base da cultura, pois os laços sociais e afetivos seriam sublimações das primeiras relações e as criações culturais seriam fruto de uma abstenção de parte da satisfação sexual direta (sexualidade entendida no sentido da psicanálise, tal como já mencionamos nesse livro).

Sublimação para Lacan

Lacan não abandona a definição freudiana, mas subverte-a. Em 1959-60, em *O seminário, livro 7: a ética da psicanálise*, Lacan propõe a sublimação como elevação do objeto à dignidade da *Coisa*, discutindo as consequências dessa proposição. A sublimação surge referida à *das Ding*, estranho íntimo que funda o sujeito e em articulação à ética da psicanálise como uma ética do desejo. O objeto – elevado à dignidade de *das Ding* no caso da sublimação – ao qual se refere é o mesmo que deixa de ser sexual no caso de Freud; para Lacan, o objeto em si é indiferente (se é ou não um objeto sexual), desde que seja elevado à dignidade da Coisa.

Tanto *das Ding* quanto *die Sache* poderiam ser traduzidas para *chose*, no francês, ou coisa, no português, mas há uma diferença no uso corrente das duas palavras. *Sache* estaria ligada à coisa em jogo no conflito entre homens que passaria à ordem simbólica, produto da indústria, da ação do homem ordenada pela linguagem, diferente de *Ding*, caracterizado justamente por estar fora da linguagem, ao mesmo tempo que a fundaria. Como indica Braustein[19], os objetos (*die Sache, die Objekte*), seriam os objetos imaginários, objetos da fantasia e, portanto, semblantes de *a*. Assim, podemos entender tais objetos como aqueles que podem ser elevados à dignidade da *Coisa*, ou seja, os objetos que podem *ocupar* – ao menos como semblante – o lugar impossível de *das Ding*.

Em suma, diferente de *die Sache*, que faz parte do domínio do simbólico, uma vez que se trata de um traço do objeto, algo que representa o objeto no inconsciente[20], *das Ding* aponta para o real.

Das Ding refere-se ao vazio inaugural do sujeito, fora do significante e do simbólico, aquilo que dá as coordenadas ao simbólico, indicando assim a direção do desejo. Objeto mítico para sempre perdido, gozo perdido, o mais estranho e mais íntimo ao mesmo tempo, a tal ponto que Lacan criou um neologismo para caracterizá-lo: êxtimo. Cicatriz da separação do Outro, elemento isolado na experiência do sujeito com o Outro.

Podemos pensar que o vazio do objeto *a* é exatamente o que causa o desejo, tomando o vazio como causa – do mesmo modo que *das Ding* é o vazio contornado pelo vaso, na metáfora heideggeriana utilizada por Lacan no seminário 7, buscando objetos que supostamente preencham esse vazio. No entanto, sabemos que esse vazio, constitutivo do sujeito, não é passível de ser preenchido.

A expressão *das Ding*, em alemão, que traduzimos como a *Coisa*, é encontrada em Freud em seu artigo publicado postumamente, em 1950, *Projeto para uma psicologia científica* (1895): ele se refere ao elemento constante na percepção, na busca pela repetição da experiência inaugural de satisfação.

Direção no tratamento na psicose: sinthoma e sublimação

O gozo de *das Ding* está barrado para o neurótico, na medida em que o Nome-do-Pai o protege da vertigem e da angústia do vazio de *das Ding*, que é anterior ao significante. O esvaziamento do gozo da Coisa é isso que tem para o sujeito o significado da castração. A sublimação para Lacan implica que uma criação aluda ao vazio de modo a tangenciar, aludir esse vazio que se chama *das Ding*.

O que precisa entrar em jogo é algo relativo à forma de apresentação de um objeto comum, até mesmo banal, que precisa causar um efeito específico: a alusão ao vazio. Ou seja, o objeto da sublimação precisa ser um objeto comum que evidencie algo do vazio de *das Ding*. Esta seria uma condição para a elevação do objeto. No exemplo fornecido por Lacan em seu seminário, trata-se da peculiar organização de uma quantidade de caixas de fósforos vazias, arranjadas de forma a evidenciar o vazio da gaveta da caixa de fósforos e dispostas de forma incomum em uma espécie de "trilha" pelo poeta e também amigo de Lacan, Jacques Prévert. O exemplo de Lacan serve para evidenciar o vazio que é revelado pela disposição do objeto, bem como para aludir ao que está em jogo no que diz respeito à gratuidade, à característica de supérfluo desse arranjo das caixas de fósforos. É a isso que se refere ao falar que a satisfação oferecida por essas caixas de fósforos "é uma satisfação que não pede nada a ninguém"[21], não tem nenhuma relação com a utilidade ou com uma realização que se encaixe no reconhecimento social já estabelecido. Nesse sentido, é a produção sublimatória que pode fazer laço social, fazendo-se reconhecer através da alusão ao vazio, da elevação do objeto à dignidade de *das Ding*. Dito de outro modo, na sublimação está em jogo que objetos comuns sejam expostos de determinada maneira que evidenciem um furo, um vazio que se destaca.

Embora a arte e a criação não sejam sempre subli-matórias, o que o artista que toma a produção por esse viés sublimatório tenta fazer surgir com suas criações, em telas, objetos e letras, é justamente o que resta do gozo perdido da Coisa, o que resta desse gozo que nunca existiu. Os objetos da arte são objetos imaginários que podem povoar o vazio da Coisa, aludem a esse vazio. Assim, para Lacan, a sublimação não envolve necessariamente o belo, ainda que o belo possa ser a roupagem da sublimação. Lacan vai falar do belo, da dor e do bem como aquilo que ao mesmo tempo pode velar e indicar a presença de *das Ding*; aludem porque tamponam sua presença. Por exemplo, os belos poemas do amor cortês, cuja dama exaltada precisa estar sempre ausente (o que aponta para o vazio causado pela ausência da dama).

Psicose e gozo

Os fenômenos da psicose fazem o sujeito ser invadido pelo gozo: angústia, despedaçamento do corpo, vozes e outros. Tanto o delírio quanto a arte são maneiras de lidar com esse gozo invasivo e com a ausência do significante que poderia contê-lo (Nome-do-Pai). Tanto o delírio quanto a arte são criações singulares, que não passam pelo estabelecido culturalmente segundo a ordem do pai simbólico[22].

Quinet[23] resgata elementos da biografia de Arthur Bispo do Rosário para abordar o *sinthoma*. Aqui, também faz um comentário sobre a sublimação que nos auxiliará a chegar na relação entre sublimação e *sinthoma* e na impor-tância de cada uma das duas na questão da direção do tratamento no AT.

Arthur Bispo do Rosário, ou Bispo, viveu de 1911 a 1989, tendo permanecido quase ininterruptamente internado

Direção no tratamento na psicose: sinthoma e sublimação

entre 1938 e sua morte. Trabalhou como fuzileiro naval e boxeador amador. Depois foi admitido como lavador de carros na extinta empresa de luz Light. Em 1938, quebra o pé, é demitido da Light e vai trabalhar na casa de um advogado, onde tem seu primeiro surto, no qual vê sete anjos azuis. Em 1967, após dar uma surra em um interno da Colônia Juliano Moreira, na qual ficou internado por muitos anos, e ficar preso em uma solitária como punição, teve sua missão revelada. Ouviu uma voz que lhe disse "está na hora de você reconstruir o mundo." Esse seria o momento do desencadeamento de sua criação como *sinthoma*. Aqui, como em Joyce, encontramos um trabalho no Real; "com sua agulha e linha, Bispo singra o Real"[24]. A partir desse momento, produz coisas como as "vitrines" ou os barcos, que revelam o oco, lugar vazio no mar do simbólico[25].

Podemos tomar Bispo como um exemplo de apoio do *sinthoma* no delírio. O delírio é insuficiente para conter seu gozo, por isso precisa de sua arte. O próprio Bispo é o objeto de gozo escópico do Outro, exibindo seu manto, tal como Joyce se mantém no lugar de ser para o Outro, sendo o Artista. Nos dois casos, é possível identificar a posição subjetiva do psicótico como objeto de gozo do Outro.

Sinthoma e sublimação

A possível relação entre sublimação e *sinthoma* é abordada por diversos comentadores do ensino de Lacan. Trata-se de um ponto importante na medida em que, a partir do seminário 16, o autor não se refere mais à sublimação em nenhum momento e, alguns anos depois, formula o *sinthoma*, no seminário 23, a partir da discussão que empreende desde a escrita de James Joyce, dando corpo então à sua teoria dos nós. Por outro lado, é comum que o *sinthoma* surja articulado à psicose enquanto a sublimação aparece ligada à neurose.

Tanto a sublimação quanto o *sinthoma* têm em comum o estatuto de criação. O *sinthoma* é um saber fazer que tem efeito de amarração dos três registros. Por exemplo, a escrita de James Joyce é um fazer no Real, fazer com a letra. Esse saber fazer o estabiliza. Diferente da criação pela sublimação, a criação via *sinthoma* implica o tratamento da Coisa não como esvaziada de gozo, já que não há castração. Daí que o delírio e a arte seriam tentativas de barrar esse gozo invasivo da Coisa, não delimitado, não esvaziado, como vemos em Bispo.

Na psicose, podemos encontrar a sublimação presente, em articulação com o *sinthoma*. Tanto em Joyce quanto em Bispo, não há endereçamento de suas produções (ou seja, o tratamento não se dá pela via da transferência para o analista como sujeito suposto saber), o endereçamento não é o Outro da cultura; o que está em jogo é tratamento do gozo com vistas a enquadrá-lo.

Concluímos que a relação do psicótico com a Coisa é diferente da neurose. Enquanto essa busca aludir à Coisa, elevar o objeto à sua dignidade, o psicótico busca o oposto: delimitar o gozo da Coisa para poder se localizar. Ao invés de elevar o objeto à dignidade da Coisa, ele busca delimitar a Coisa através dos objetos, elevando-os pelo avesso. O movimento pode ser o mesmo: a produção artística, mas o motivador é diferente em casa caso. A diferença talvez seja que para o psicótico há uma premência a sublimar, uma vez que é a sublimação que, juntamente como saber-fazer, permitirão ao psicótico tratar do gozo e produzir uma estabilidade. A sublimação se juntaria ao *sinthoma* como direção ética de tratamento na psicose. No caso da sublimação, ela poderia ocorrer a partir do "furo" que o tratamento ajuda o sujeito a fazer em seu próprio delírio.

Daí se configurar também como direção ética do tratamento na psicose.

Scotti[26] indica o que entendemos, desde a proposta lacaniana dos nós, ser uma diferença crucial entre *sinthoma* e sublimação: que a suplência seria característica do *sinthoma*, mas não uma possibilidade da sublimação. A sublimação não faz suplência. Nossa hipótese é que ela poderia, como destino pulsional que endereça o gozo a uma criação, oferecer alguma *estabilização*, na medida em que se configure como uma solução, um fazer com o real que trate o gozo. Ainda assim, não se trata de uma *suplência* – e, nesse sentido, seria uma estabilização que pode ser frágil, bem mais frágil sem dúvida do que uma suplência. No entanto, pode ter uma importância capital como direção ética do trabalho do at.

Com relação ao lugar do at, podemos dizer que na transferência, ele não ocupa o lugar do Outro, a quem se endereçaria a produção (delirante, artística), mas pode posicionar-se como um objeto a ser utilizado pelo psicótico para a construção de seu trabalho, seja ele delirante, artístico ou de outro tipo. O at pode sustentar e secretariar seu trabalho rumo à estabilização possível levando em conta e tendo como norte ético o tratamento do gozo que a sublimação pode oferecer.

Notas

Introdução

[1] Utilizarei a abreviação AT para me referir ao acompanhamento terapêutico e at para designar o profissional que exerce essa atividade.

[2] BARRETTO, Kleber Duarte. *Ética e técnica no acompanhamento terapêutico: andanças com Dom Quixote e Sancho Pança*. São Paulo: Unimarco Editora, 1998.

[3] PULICE, Gabriel O. *Fundamentos clínicos do acompanhamento terapêutico*. Tradução: Sandra M. Dolinsky. São Paulo: Zagadoni, 2012.

[4] MACÍAS, M. A. Transferência. In: SILVA, A. S. T. da (org.). *E-Book AT: Conexões clínicas no Acompanhamento Terapêutico*. Porto Alegre: Edição do autor, 2012.

[5] ROSSI, Gustavo. Usos y variaciones del "encuadre" en el Acompañamiento Terapéutico. In: SILVA, Alex Sandro Tavares da (org.). E-Book AT: Conexões clínicas no Acompanhamento Terapêutico. Porto Alegre: Edição do autor, 2012.

[6] DRAGOTTO, P; FRANK, M. L. *Conceptualizaciones y experiencias en A.T.* Cordoba: Editorial Brujas, 2012, 240 p.

[7] HERMANN, M. C. *Acompanhamento terapêutico e psicose: articulador do real, simbólico e imaginário*. São Bernardo do Campo: Universidade Metodista de São Paulo, 2ª ed., 2012.

[8] MENDONÇA, L. D. Lo social es um lugar que no existe: Reflexiones desde el *acompañamiento terapéutico de pacientes psicóticos*. In: Papeles del Psicólogo. nº 72, febrero, 1999.

[9] PORTO, M. *Acompanhamento Terapêutico* (coleção clínica psicanalítica). São Paulo: Casa do Psicólogo, 2015.

[10] HERMANN (2012) escreve seu livro em torno dessa ideia, que busca sustentar no campo da psicose paranoica.

[11] MAUER, S. K.; RESNIZKY, S. *Acompanhantes terapêuticos e pacientes psicóticos: manual introdutório a uma estratégia clínica*. Tradução: Waldemar Paulo Rosa. Campinas: Papirus, 1987.

12 LACAN, J. (1958) A direção do tratamento e os princípios de seu poder. In *Escritos*, Rio de Janeiro, Jorge Zahar Ed. 1998. p.235.

13 Ver capítulo 1.

14 IBRAHIM, C. Do louco à loucura: percurso do auxiliar psiquiátrico no Rio de Janeiro. In: CARDOSO, N. L. M. (Coord.). In: *A rua como espaço clínico*. São Paulo: Escuta, 1991.

15 CESARINO, A. C. Hospital-dia "A Casa": conversando sobre dez anos de experiência. In: LANCETTI, A. e col. *Saúde Loucura* número 1, Ed. Hucitec 2ª ed., São Paulo, s/d.

CAPÍTULO 1

1 COOPER, D. *Psiquiatria e Antipsiquiatria*. Ed. Perspectiva, 2ª edição, São Paulo, 1989, p.17.

2 GALLIO, G.; CONSTANTINO, M. François Tosquelles. A escola da liberdade. In: LANCETTI, A. (org.) Saúde e Loucura, grupos e coletivos. São Paulo: Hucitec, n.4, 1993.

3 *Ibid*.

4 BEZERRA, B.; AMARANTE, P. Psicoterapia Institucional, uma revisão. In: BEZERRA, B.; AMARANTE, P. (orgs.) *Psiquiatria sem hospício*. Rio de Janeiro: Relume Dumará, 1992.

5 OURY, Jean. *Itinerários de formação*. s/d, mimeo.

6 GOLDBERG, J. I. *Clínica da Psicose, um projeto na rede pública*. São Paulo: Editora Te Cora, 2ª edição, 1996.

7 *Ibid*.

8 *Ibid*.

9 CYTRYNOWICZ, M. M. *Criança – Enfance*: uma trajetória de psiquiatria infantil. São Paulo: Narrativa Um, 2002, p.126.

10 *Ibid*.

CAPÍTULO 2

1 Os parágrafos seguintes foram escritos a partir do capítulo sobre ética e moral de meu livro *A sublimação no ensino de Jacques Lacan, um tratamento possível do gozo*. São Paulo: EDUSP, 2017.

2 LACAN, J. *(1959-1960) O seminário: livro 7 – a ética da psicanálise*. Rio de Janeiro, Jorge Zahar, 1997.

Notas

[3] *Ibid.*, p.34, aula de 25 de novembro de 1959.

[4] Regnault esclarece que "A psicanálise, por sua dialética do caso clínico, é então o campo no qual o singular e o universal coincidem sem passar pelo particular". In: REGNAULT, F. *Em Torno do Vazio: A Arte à Luz da Psicanálise.* Rio de Janeiro, Contra Capa, 2001, p.10.

[5] JORGE, M. A. C. (org) *Lacan e a formação do psicanalista.* Rio de Janeiro: Contra Capa, 2006, p.288.

CAPÍTULO 3

[1] MARINHO, D. M. *Acompanhamento terapêutico: caminhos clínicos, políticos e sociais para a consolidação da Reforma Psiquiátrica brasileira. Dissertação (Mestrado)* Escola de Enfermagem da Universidade de São Paulo. São Paulo, 2009, p.140.

[2] BRASIL, Ministério da Saúde. Portaria GM 336/2002. Disponível em: http://bvsms. saude.gov.br/bvs/publicacoes/legislacao_mental. pdf. 2002.

[3] QUINET, A. *Psicose e laço social – esquizofrenia, paranoia e melancolia.* Rio de Janeiro: Jorge Zahar Ed., 2006, p.47.

CAPÍTULO 4

[1] Esse capítulo se baseia em fala proferida no II Colóquio de Psicanálise com Crianças: onde está o pai? Desafios da atualidade na clínica com crianças", realizado em São Paulo, no Instituo Sedes Sapientiae nos dias 10 e 11 de outubro de 2014.

[2] A proposição do AT como tática do psicanalista foi extraída do texto apresentado no IX Congresso Internacional de Acompanhamento Terapêutico, Uruguai, 2014. Tal texto foi publicado como: METZER, C.; ESTEVÃO, I. R. Acompanhamento Terapêutico: tática, estratégia e política. In: *A Peste Revista de Psicanálise e Sociedade e Filosofia,* vol. 7, no 1 e 2, jan/jun. e jul/dez. 2015, p.77-78.

[3] VOLTOLINI, R. Os fora-do-discurso podem ser incluídos? Desafios da educação inclusiva. In: VOLTOLINI, R. (Org.). *Retratos do mal-estar contemporâneo na educação.* São Paulo: Escuta/FAPESP, 2014, p.128.

CLÍNICA DO ACOMPANHAMENTO TERAPÊUTICO E PSICANÁLISE

CAPÍTULO 5

[1] Por exemplo, FOUCAULT, M. *O nascimento da clínica*. Rio de Janeiro, Forense Universitária, 1987; DUNKER, C. I. L. *Estrutura e constituição da clínica psicanalítica: uma arqueologia das práticas de cura, psicoterapia e tratamento*. (Coleção Ato Psicanalítico) São Paulo, Annablume, 2011.

[2] DUNKER, C. I. L. *Estrutura e constituição da clínica psicanalítica: uma arqueologia das práticas de cura, psicoterapia e tratamento* (Coleção Ato Psicanalítico). São Paulo: Annablume, 2011, p.421.

[3] *Ibid.*, p.422.

[4] *Ibid.*, p.439.

[5] *Ibid.*, p.440.

[6] *Ibid.*, p.447.

[7] DUNKER, C. I. L.; KYRILLOS NETO, F. A crítica psicanalítica do DSM-IV, breve história do casamento psicopatológico entre psicanálise e psiquiatria. In: *Rev. Latinoamericana Psicopatologia Fundamental*. São Paulo, v.14, n.4, p.611-626, dezembro 2011, p.616.

[9] *Ibid.*, p.620.

CAPÍTULO 6

[1] FREUD, Sigmund. Totem e Tabu (1913) In: *Edição standard brasileira das obras psicológicas completas de Sigmund Freud*. Rio de Janeiro: Imago, 1990. v. XIII p.20-191.

[2] LACAN, Jacques. *O seminário: Livro 11: os quatro conceitos fundamentais da psicanálise*. 2. ed. Rio de Janeiro: Jorge Zahar, 1985.

[3] FREUD, S. (1915) Os instintos e suas vicissitudes. In: FREUD, S. *Edição standard brasileira das obras psicológicas completas de Sigmund Freud*. Rio de Janeiro: Imago, 1990. v. XIV, p.129-162.

[4] Para maiores detalhes, consultar: ESTEVÃO, I.R. Retorno à querela da Trieb: por uma tradução freudiana. In: *Cadernos de filosofia alemã*, n.19, 2012, p.79-106.

[5] FREUD, S. (1923) O ego e o id. In: *Edição standard brasileira das obras psicológicas completas de Sigmund Freud*. Rio de Janeiro: Imago, 1990. V. XIX.

Notas

[6] FREUD, S. (1911) Notas psicanalíticas sobre um relato autobiográfico de um caso de paranoia (*dementia paranoides*). In: *Edição standard brasileira das obras psicológicas completas de Sigmund Freud*. Rio de Janeiro: Imago, 1990. v. XII p.23-108.

[7] FREUD, S. (1914) Sobre o narcisismo: uma introdução. In: FREUD, S. *Edição standard brasileira das obras psicológicas completas de Sigmund Freud*. Rio de Janeiro: Imago, 1990. v. XIV, p.89-119.

[8] FREUD, S. (1923) O ego e o id. In: FREUD, S. *Edição standard brasileira das obras psicológicas completas de Sigmund Freud*. Rio de Janeiro: Imago, 1990. V. XIX, p.114.

[9] DOR, J. *Introdução à Leitura de Lacan: o inconsciente estruturado como linguagem*. Porto Alegre, Artes Médicas, 1989, p.80.

[10] SAFATLE, V. Apostila distribuída em aula. s/d., p.3.

[11] *Ibid.*, p.4.

[12] LACAN, J. (1949) O estádio do espelho como formador da função do eu. In: LACAN, J. *Escritos*. Rio de Janeiro: Jorge Zahar, 1998. p.96-103.

[13] FREUD, S. (1921) Psicologia de grupo e análise do ego. In: FREUD, S. *Edição standard brasileira das obras psicológicas completas de Sigmund Freud*. Rio de Janeiro: Imago, 1990. v.XVIII, p.91-179.

[14] LAPLANCHE, J. e PONTALIS, J. B. *Vocabulário da Psicanálise*. São Paulo, Ed. Martins Fontes, 8ª ed., 1989.

[15] FREUD, S. (1911) Notas psicanalíticas sobre um relato autobiográfico de um caso de paranoia (*dementia paranoides*). In: FREUD, S. *Edição standard brasileira das obras psicológicas completas de Sigmund Freud*. Rio de Janeiro: Imago, 1990. v. XII, seção III.

[16] POMMIER, G. *O amor ao avesso*. Ensaios sobre a transferência em psicanálise. Rio de Janeiro: Companhia de Freud, 1998, p.455.

[17] GALLOP, J. *Lendo Lacan*. Rio de Janeiro: Imago Ed., 1992, p.83.

[18] *Ibid.*, p.87.

[19] *Ibid.*, p.89.

[20] PENOT, B. A importância da noção de adolescência para uma concepção psicanalítica de sujeito. *Revista da APPOA*. Porto Alegre, publicação interna, ano V, n°11, nov./1995.

[21] *Ibid.*

[22] *Ibid.*

CAPÍTULO 7

[1] FARIA, M. R. *Constituição do sujeito e estrutura familiar: o complexo de Édipo de Freud a Lacan*. Taubaté: Cabral Editora e Livraria Universitária, 2003, p.18.

[2] FREUD, S. (1905) Três ensaios sobre a teoria da sexualidade (1905). In: FREUD, S. *Edição standard brasileira das obras psicológicas completas de Sigmund Freud*. Rio de Janeiro: Imago, 1990, v.VII, p.118-228.

[3] FREUD, S. (1923) A organização genital infantil. In: FREUD, S. *Edição standard brasileira das obras psicológicas completas de Sigmund Freud*. Rio de Janeiro: Imago, 1990, V. XIX.

[4] LACAN, J. (1956-1957) *O seminário, livro 4: a relação de objeto*. Rio de Janeiro: Jorge Zahar, 1995, p.61, aula de 12 de dezembro de 1956.

[5] FREUD, S. (1920) Além do Princípio de Prazer. In: FREUD, S. *Edição standard brasileira das obras psicológicas completas de Sigmund Freud*. Rio de Janeiro, Imago, 1990, vol. XVIII, p.13-85.

[6] LACAN, J. (1958) De uma questão preliminar para todo tratamento possível da psicose. In: LACAN, J. *Escritos*. Rio de Janeiro: Jorge Zahar, 1998. p.537-590.

[7] LACAN, J. (1957) A instância da letra no inconsciente ou a razão desde Freud. In: LACAN, J. *Escritos*. Rio de Janeiro: Jorge Zahar, 1998, p.510.

[8] LAIA, S. *Os escritos fora de si: Joyce, Lacan e a literatura*. Belo Horizonte: Autêntica, 2001, p.25.

CAPÍTULO 8

[1] Esse capítulo parte do texto escrito em parceria com a Equipe Hiato de Acompanhamento Terapêutico, apresentado em 2012 no I Simpósio de Acompanhamento Terapêutico e Saúde Pública e no II Simpósio de Acompanhamento Terapêutico, Saúde Pública e Educação (2013), ambos realizados pelo Attenda, Transmissão e Clínica em Acompanhamento Terapêutico e Psicanálise, na Universidade Metodista de SP. Publicado em https://lacaneando.com.br/demandas-atuais-de-acompanhamento-terapeutico-e-diagnostico-estrutural/

Notas

[2] LACAN, J. (1962-1963) *O seminário, livro 10: a angústia*. Rio de Janeiro, Jorge Zahar, 2005.

[3] LACAN, J. (1964) *O seminário, livro 11: os quatro conceitos fundamentais da psicanálise*. Rio de Janeiro: Jorge Zahar, 1985, 2ªed., 1985.

[4] FINK, B. *O sujeito lacaniano; entre a linguagem e o gozo*. Tradução: Maria de Lourdes Sette Câmara. Rio de Janeiro: Jorge Zahar Ed., 1998.

[5] LACAN, J. (1958) A direção do tratamento e os princípios de seu poder. In: LACAN, J. *Escritos*. Rio de Janeiro, Jorge Zahar Ed., 1998, p.591-652.

[6] QUINET, A. *As 4+1 condições da análise*. Rio de Janeiro: Jorge Zahar Ed., 12ª ed., 2009.

CAPÍTULO 9

[1] Esse capítulo tem origem no capítulo "Comentários suplementares" de meu livro *A sublimação no ensino de Jacques Lacan: a sublimação como tratamento do gozo*. São Paulo: EDUSP, 2017.

[2] GUERRA, A. M. C. A estabilização psicótica na perspectiva borromeana: criação e suplência. *Tese (Doutorado)*. Universidade Federal do Rio de Janeiro, Rio de Janeiro, 2007.

[3] LACAN, J. (1975-1976) *O seminário, livro 23: o sinthoma*. Rio de Janeiro: Jorge Zahar, 2007.

[4] James Joyce foi um escritor irlandês que viveu de 1882 a 1941 e revolucionou a literatura de língua inglesa com sua escrita fora de sentido.

[5] RABINOVICH, D. *A Angústia e o desejo do Outro*. Rio de Janeiro, Companhia de Freud, 2005.

[6] *Ibid.*, p.147.

[7] HARARI, R. *O Que Acontece no Ato Analítico? A Experiência da Psicanálise*. Rio de Janeiro, Companhia de Freud, 2001.

[8] *Ibid.*

[9] LACAN, J. (1975-1976) *O seminário, livro 23: o sinthoma*. Rio de Janeiro: Jorge Zahar, 2007, p.50, aula de 16 de dezembro de 1975.

[10] Antes disso, em seu seminário R.S.I., Lacan retomara Freud para dizer que "fez o nó com quatro a partir de seus três [...]", de tal modo que a realidade psíquica faria as vezes de quarto termo no

nó que, entretanto, seria dispensável. Lacan continua dizendo que "É o que pode atar com um quarto termo, o S, o Imaginário e o Real, naquilo que Simbólico, Imaginário e Real são deixados independentes, estão à deriva, em Freud, é enquanto isso que lhe é preciso uma realidade psíquica que ate essas três consistências". Posteriormente, entretanto, criticará Freud quanto a seu quarto termo, que funcionaria à moda da religião, sendo, portanto, dispensável, supérfluo (Aula de 14 de janeiro de 1975, p.18-R.S.I. versão para uso interno.

[11] HARARI, R. *O Que Acontece no Ato Analítico? A Experiência da Psicanálise*. Rio de Janeiro, Companhia de Freud, 2001.

[12] LACAN, J. (1975-1976) *O seminário, livro 23: o sinthoma*. Rio de Janeiro: Jorge Zahar, 2007, p.85, aula de 10 de fevereiro de 1976.

[13] *Ibid.*, p.86, aula de 10 de fevereiro de 1976.

[14] *Ibid.*, p.91, aula de 17 de fevereiro de 1976.

[15] HARARI, R. *O Que Acontece no Ato Analítico? A Experiência da Psicanálise*. Rio de Janeiro, Companhia de Freud, 2001.

[16] LACAN, J. (1975-1976) *O seminário, livro 23: o sinthoma*. Rio de Janeiro: Jorge Zahar, 2007, p.128, aula de 13 de abril de 1976.

[17] SOLER, C. *A psicanálise na civilização*. Rio de Janeiro: Contra Capa, 1998, p.97-99.

[18] BRAUNSTEIN, N. Gozo. São Paulo: Escuta, 2007.

[19] FREUD, S. (1915) Os instintos e suas vicissitudes. In: FREUD, S. *Edição standard brasileira das obras psicológicas completas de Sigmund Freud*. Rio de Janeiro: Imago, 1990. v. XIV, p.129-162.

[20] LACAN, J. (1959-1960) *O seminário, livro 7: a ética da psicanálise*. Rio de Janeiro, Jorge Zahar, 1997, p.144, aula de 11 de maio de 1976.

[21] QUINET, A. *Teoria e clínica da psicose*. 2ª ed. Rio de Janeiro: Forense Universitária, 2003, p.221.

[22] *Ibid.*

[23] *Ibid.*, p.228.

[24] *Ibid.*, p.228.

[25] SCOTTI, S. Arte: Sublimação ou Saber-Fazer?. In: LIMA, M. M. L. & JORGE, M. A. C. (orgs.). *Saber Fazer com o Real. Diálogos entre Psicanálise e Arte*. Rio de Janeiro, Cia de Freud/PGPSA/IP/UERJ, 2009, p.299-305.